北京市教育委员会科研计划一般项目：我国众筹
（SM201610015005）

本书由"2013年度北京印刷学院博士启动金项目"资助出版

中国众筹出版模式选择研究

张　颖　著

知识产权出版社

全国百佳图书出版单位

—北京—

图书在版编目（CIP）数据

中国众筹出版模式选择研究 / 张颖著 . —北京：知识产权出版社，2020.6
ISBN 978-7-5130-6952-6

Ⅰ . ①中… Ⅱ . ①张… Ⅲ . ①出版业—商业模式—研究—中国 Ⅳ . ① G239.2

中国版本图书馆 CIP 数据核字（2020）第 089643 号

内容提要

本书以狭义出版（指将文稿、资料等编印成图书报刊，以供出售或传播）为主要对象，研究了狭义的众筹出版的模式、核心要素和制度框架。主要分析以下三个问题：一是现有众筹平台开展的出版众筹是营销手段还是整个出版业的价值链重构；二是众筹出版价值链中的核心要素是什么，对项目的成功率有何影响，从而探索理想的众筹出版模式；三是现有众筹出版存在的风险和问题，应当建立怎样的制度框架对其进行规范。

本书适合新闻出版从业者、高校科研机构研究者、新闻出版相关专业学生等阅读。

责任编辑：李 娟　　　　　　　　责任印制：孙婷婷

中国众筹出版模式选择研究
ZHONGGUO ZHONGCHOU CHUBAN MOSHI XUANZE YANJIU
张 颖 著

出版发行：知识产权出版社 有限责任公司		网　址：http : //www.ipph.cn	
电　话：010–82004826		http : //www.laichushu.com	
社　址：北京市海淀区气象路 50 号院		邮　编：100081	
责编电话：010–82000860 转 8689		责编邮箱：laichushu@cnipr.com	
发行电话：010–82000860 转 8101		发行传真：010–82000893	
印　刷：北京中献拓方科技发展有限公司		经　销：各大网上书店、新华书店及相关专业书店	
开　本：787mm×1000mm　1/16		印　张：11.25	
版　次：2020 年 6 月第 1 版		印　次：2020 年 6 月第 1 次印刷	
字　数：162 千字		定　价：68.00 元	

ISBN 978-7-5130-6952-6

目　录

第1章 引 言

　　媒体的兴起及我国出版行业的市场化使得传统图书的出版方式受到了严峻的挑战。传统出版模式以出版内容为起点，以编辑发行为核心，投资在前，回报在后，是传统经营模式中的"以供定产"的方式，出版行业面临风险大、收益日益薄弱的问题。中小企业缺乏启动和发展资金，融资的重要性不言而喻，不论在金融发达的国家，还是像中国这样金融体系仍不完善的发展中国家，中小企业融资难都是一个难以规避的问题。

　　而将传统出版与金融创新相结合的产物——"众筹"出版模式是以筹资和满足受众的个性化需求为起点，更加符合"互联网＋"时代的经济新形势，是新闻出版行业突破传统束缚、分散出版风险，与互联网进行深入融合的重要手段。因此，研究中国众筹出版的现有模式、面临的问题及未来的发展趋势，可以为促进中国新闻出版行业的发展提供意见和建议，具有较为重要的理论研究意义和实践意义。

"众筹出版"是项目发起人通过众筹平台发起众筹出版项目,向广大的互联网用户筹集资金,而这批用户可以根据出资额的比例享有该项目在经济、文化等方面获得的收益。无论是对学术界还是实务界来说,"众筹出版"都是比较新鲜的事物,学术界的研究大都落在众筹平台和出版项目的实务研究上,对众筹出版的理论研究不足。

根据《辞海》的定义,出版是将文稿、资料等编印成图书报刊,以供出售或传播,这一定义是狭义的定义。广义的出版,除了狭义出版所涵盖的内容外,还包括音像制品等。本书以狭义的出版为主要的讨论内容,研究狭义的众筹出版的模式、核心要素和制度框架。

本书旨在解决以下三个问题:一是现有众筹平台开展的众筹出版是营销手段还是整个出版业的价值链重构;二是众筹出版价值链中的核心要素是什么,对项目的成功率有何影响,探索理想的众筹出版模式;三是现有众筹出版存在的风险和问题,应当建立怎样的制度框架对其进行规范。

1.1 出版行业现状

1.1.1 主要出版物运营现状

《出版管理条例》❶(国务院令第 666 号)第九条规定:"报纸、期刊、图书、

---

❶ 《出版管理条例》,2001 年 12 月 25 日中华人民共和国国务院令第 343 号公布,2020 年 11 月 29 日《国务院关于修改和废止部分行政法规的决定》第五次修订。

音像制品和电子出版物等应当由出版单位出版。"因此我们可以把出版的范围明确涵盖报纸、期刊、图书、音像制品和电子出版物。

我国的传统出版主要有图书、期刊、报纸三大类出版物，图 1-1 展示了图书在 2009—2017 年的出版种类和印数情况。

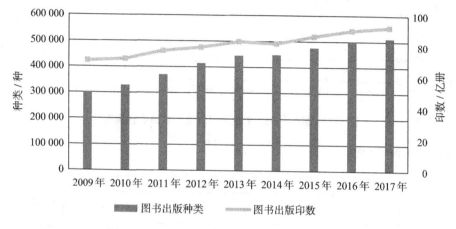

图 1-1　2009—2017 年图书出版种数和印数情况

资料来源：国家统计局网站。

2018 年中国图书零售市场码洋规模已达 894 亿元，同比增长 11.3%。其中，网店图书零售码洋规模达 573 亿元，增速为 24.7%；实体店销售图书码洋规模达 321 亿元，同比下降 6.69%。中国图书零售市场总规模达到 803.2 亿，比 2016 年的 701.2 亿同比增长 14.55 %，延续了近年来的增长势头。从 2009—2017 年的趋势上看，整体呈上升趋势（详情见图 1-1）。但是如果跟同期的国内生产总值（GDP）的变化情况（见图 1-2）相比，出版市场的发展要远远慢于国内生产总值的平均水平。

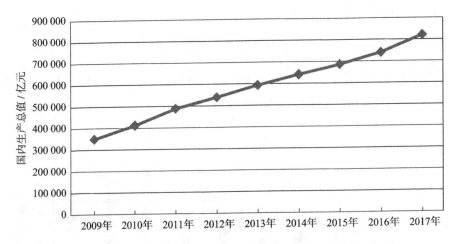

图 1-2　2009—2017 年我国国内生产总值变化情况

资料来源：国家统计局网站。

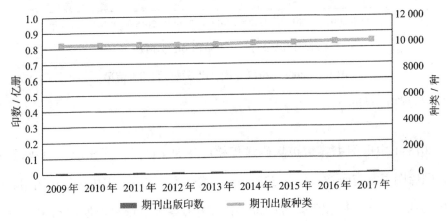

期刊出版印数　　期刊出版种类

图 1-3　2009—2017 年期刊出版种数和印数情况

资料来源：国家统计局网站。

而期刊和报纸近些年的发展势头要比图书更差，从图 1-3 和图 1-4 可知期刊和报纸的印数呈逐年下降的趋势。

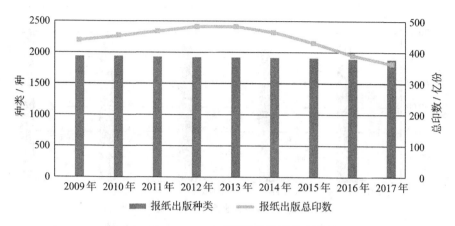

图 1-4 2009—2017 年报纸出版种数和印数情况

资料来源：国家统计局网站。

出版行业现有发展状况和趋势与信息化、互联网化存在密切的联系。在互联网浪潮下我国出版物需求结构和供给方式都出现了重大的变化。

1.1.2 主要出版类上市公司经营概况

凤凰传媒、长江传媒、中原传媒都是出版类上市公司中的龙头企业，从2014—2018 年出版印刷业务情况可以看出，出版印刷业务并未像我国 GDP 那样高速增长，甚至有些回落（见图 1-5、图 1-6、图 1-7）。

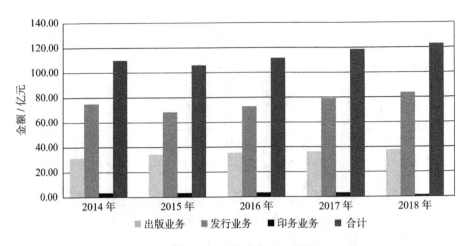

图 1-5　凤凰传媒业务概况

资料来源：同花顺 iFinD。

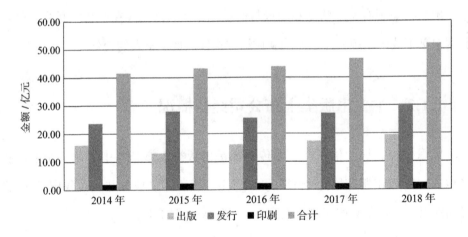

图 1-6　长江传媒业务概况

资料来源：同花顺 iFinD。

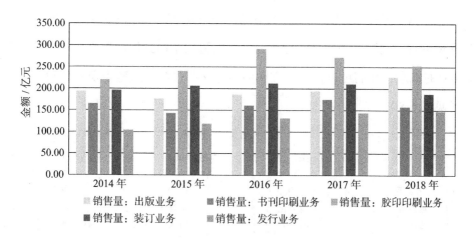

图 1-7 中原传媒业务概况

资料来源：同花顺 iFinD。

1.2 出版遇上互联网浪潮

未来学家阿尔文·托夫勒在 1980 年出版的《第三次浪潮》中将迄今为止的人类历史划分为三次浪潮。"第一次浪潮"是指农业文明，也就是在数千年来一直占主导地位的稳定的农耕社会；"第二次浪潮"是指工业文明，大约从 17 世纪开始，大规模的生产和销售颠覆了人们的生活方式；"第三次浪潮"是指信息文明，它的特征为：① 生产工具在目前为以电子计算机、互联网为代表的高价值、低价格工具；② 经济运作涉及的资源主要是人的脑力；③ 经济所需的主要能源为人的脑力；④ 经济运作的典型单位目前处于萌芽状态，为小团体或个人企业；⑤文化的主要表征包括去中心化、混沌主义，但目前总体上不明确。

第三次浪潮是目前正在兴起的浪潮，是由互联网带来的从工业文明走向信息文明的混合交融阶段。从工业革命开始的科技革命到德国博览会上提出的工业 4.0 的概念，我们可以将工业文明向信息文明过渡的这整个期间分为四个阶段（见图 1-8）。

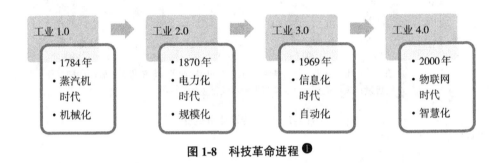

图 1-8　科技革命进程 ❶

随着首次提出"互联网 +"行动计划以来，各行各业遇上信息网络时期互相联合发生了巨大变革，同时也为文化产业的蓬勃发展注入了新动力。"互联网 +"是指利用互联网技术催促移动互联网、物联网、大数据、云计算等与当代制作业互相结合，促进电子商务、互联网金融健康发展、工业互联网健康快速发展，与此同时推动以互联网为载体的"线上 + 线下"的新兴消费模式的发展。当前文化产业正面临转型升级、融合发展的窘境，"互联网 +"的出现为文化产业的发展带来全新契机。"互联网 +"行动计划等政策引领和推动了网络音乐、网络动漫、网络文学、网络游戏、网络数据库、网络地图、网络视频、网络教育出版服务、数字阅读等数字出版形态发展迅速。在"互联网 +"模式下文化产业

---

❶　物联网的起始时间以国际电信联盟（ITU）发布的《ITU 互联网报告 2005：物联网》中正式提出了"物联网"概念为准。

中的出版行业边界越来越模糊化，各种网络文化齐头并进、互相融合、蓬勃发展起来，难以界定某个出版边界的具体领域。

《关于推动传统出版和新兴出版融合发展的指导意见》提出要注重发挥市场机制的有效作用，促进金融资本、社会资本与出版资源的有效对接。在实现有效对接过程中要利用好当前云计算、物联网技术、大数据、移动互联网等技术，加强出版产品、用户数据库、内容等建设，加强生产技术体系、相关标准建设、关键性技术的应用与转化，争取全面完成出版业的转型升级。2008—2014 年政府财政对中央文化企业投入力度如表 1-1 所示。

表 1-1　政府财政对中央文化投入力度

时间	中央文化企业国有资本经营预算资金 / 亿元	支持新闻出版业资金 / 亿元	新闻出版业资金占总投资资金总量比例 /%
2008—2011 年	192	74.5	39.3
2011—2014 年	30.6	19.8	64.6

2014 年，政府在加大对文化产业投入力度的同时转变财政投入的方式：通过项目补贴、贷款、保费补贴、贴息、绩效奖励等措施，更好地与新闻出版改革进行有效对接，与此同时重视借助市场力量，吸引和利用金融技术、民间资本、社会资本的进入（见表 1-2）。

表 1-2　政府加大对文化产业投入的同时引导民间资本投入

时间	中央文化企业国有资本经营预算资金 / 亿元	社会民间资本投入 / 亿元
2013 年	4.6	770
2014 年	6.7	830

根据业界相关人士估计，在 2015 年以后财政引导性资本将撬动上千亿元社会资本融入文化产业领域。特别是在党的十九大后，社会资本进入文化领域将会具有更加宽松的投融资政策环境。

如今的社会正在跑步进入物联网时代，信息化的发展对社会的生产发展和人民生活都带来了巨大的变化，移动互联网时代，基于移动互联网的阅读软件、社交软件等广泛应用给传统出版业带来了前所未有的危机，同时也给出版业带来了新的机遇。

1.2.1 互联网浪潮带给出版业的挑战

1. 信息来源多元化和易得化

图书、报纸和期刊是电视时代前人们获取信息的主要方式，纸质出版物几乎提供了全部的信息。随着电视的出现，可视化的信息通过电视机传播给受众。人们获得信息的渠道有限，阅读、学习、获取知识、娱乐消遣很大程度上要依赖出版物。

在互联网的时代，除了传统渠道，人们更愿意通过互联网获得信息，电子设备和互联网的普及应用给受众带来更多快捷便利的信息。

2. 阅读时间碎片化

现代社会追求效率优先，无论是进入社会的已就业人员，还是目前正处于求学阶段的学生，工作、学习的压力都很大，很难挤出大块的时间阅读，导致目前出现了阅读碎片化的现象。但阅读碎片化存在的问题不可忽视，如阅读效率低下，难以对阅读材料构建整体性的理解；浅表化阅读，没有进行深入思考；被动接受阅读内容，各类微信公众号、新闻或阅读的 App 连番轰炸，难以建立知识体系；文字表达能力弱化等。

3. 读者获取信息的渠道封闭化

进入信息时代，最大的变化是人与人的接连发生了巨大的变化，特别是智能手机和移动互联网的发展使得信息传导的方式也发生了巨大的变化。虽然处于信息爆炸的时代，虽然人与人之间、人与系统的连接更加容易了，但同时更容易形成一个封闭的世界。作为个体的人，获取信息的渠道不一定是更广阔了，有可能是更封闭了。网络上充满不知真假的新闻、推送到眼前的内容是曾经浏览过的主题、具有选择性的社群网络聚集着相同的价值观和类似的关注点。

4. 作品发表途径多元化

互联网出现以前，人们创作的作品发表渠道很窄。短篇的文章投寄到杂志或者报纸，经编辑审核后占用部分版面发表，长篇的书籍通过出版社制作成图书在各书店售卖。

现在人们可以发表自己作品的地方有很多，短篇的文章可以在微信公众号、博客、微博、知乎等平台上发表，长篇的文学作品可以在起点、腾讯文学、纵横中文网等发表。这些新渠道不仅种类多、门槛低，如果作品优质，还有回报快的优点。

1.2.2 互联网给出版业带来的机遇

1. 出版物电子化——数字出版

互联网化实际上就是数字化，只有数字化的出版物才能在互联网生态圈上生存下去，在充分利用互联网的基础上获得发展。数字出版的发展带来了出版角色的重塑，带来了出版业的新生。数字出版是人类文化的数字化传承，建立在计算机技术、通信技术、网络技术、流媒体技术、存储技术、显示技术等高新技术基础上，融合并超越了传统出版内容而发展起来的新兴出版产业。数字化出版是在出版的整个过程中，将所有的信息都以统一的二进制代码的数字化形式存储于光盘、磁盘等介质中，信息的处理与接收则借助计算机或终端设备进行。它强调内容的数字化、生产模式和运作流程的数字化、传播载体的数字化和阅读消费、学习形态的数字化。在我国，数字出版虽然起步较晚，但是发展很快，目前已经形成了电子图书、数字报纸、数字期刊、网络原创文学、网络教育出版物、网络地图、数字音乐、网络动漫、网络游戏、数据库出版物、手机出版物等新业态。

2. 供需信息交互化——按需印刷

按需印刷（Print on Demand，POD），是根据用户的需求，依指定的地点和时间予以提供为目的，直接将所需资料的文件数据进行数码印刷、装订。按需印刷又称"即时印刷"和"闪电印刷"，是数字技术在印刷环节的极好实践，即"按当天的订数印刷，第二天发货"。它始于 20 世纪 80 年代，能

满足个性印刷、减少浪费及印刷品一步到位的要求，实现零库存、即时出书和可选择的个性印书。❶

按需印刷可以解决出版行业印刷数量冗余、无效库存等痛点问题，有利于出版企业根据需求数量确定印刷数量，实现"零库存"，最大限度地减少资金的占用、降低库存成本。

3. 与金融行业的新融合——众筹

2009 年面世、2011 年进入中国的"众筹出版"，这一融资与销售相融合的解决方案，令出版业与金融业获得廉价的新融合。

2015 年 3 月 5 日，国务院总理李克强在《政府工作报告》中提出制订实施"互联网 +"行动计划，要大力推动移动互联网、云计算、大数据、物联网等与现代制造业相结合。这一战略的提出使饱受互联网免费化、电子化冲击的出版业迎来了曙光。国家新闻出版广电总局与财政部联合发布了《关于推动传统出版和新兴出版融合发展的指导意见》，进一步推动了出版业互联化的进度。在此背景下，"互联网 + 出版"的方向之一——众筹出版迎来了蓬勃发展。

小众图书在市场经济环境下很难实现出版，如对某些特定类别的图书，出版社如果要求作者包销一定数量，而作者很难有图书零售或批发的渠道可以完成包销，也很难通过网店和二手平台来完成几千册包销的任务。从前者来讲，无论是在淘宝还是京东单开一个网店，开店成本和时间都不太现实。从后者来说，二手平台卖自己的新书，要用很低的价格才能销售出去，对于作者来说心理上也很难承受。众筹平台可以通过平台简单的流程，即可以实现作者包销部

---

❶ 刘寿先，周忠. 按需印刷——现状分析与路径选择 [M]. 北京：印刷工业出版社，2015.

分图书。众筹出版不仅可以为作者筹集出版的启动资金，如果预售获得了成功，也可以使出版商提高对图书的信心，从而加大在发行和传播的投入。让作者能够获得杰出的相关出版服务支持，而不用寻找第三方代理，或是在门槛前不得要领。随后争取用户喜爱和出资的过程，也不再像传统流程中，由编辑们根据市场行情决定是否需要投资，而是看作品本身的水平。作者无须再像无头苍蝇一样乱撞，只要提交自己的部分文稿，让包括出版商在内的大众来评判和筹资即可。过程也不像传统出版行业一样是个"黑箱子"（指一个只知道输入输出关系而不知道内部结构的系统），一切都是透明的。

第2章 众筹及众筹出版概述

2.1 众筹及众筹模式分类

2.1.1 众筹的定义

众筹，根据维基百科的定义，是指大量的人共同筹集资金用于某项活动，也就是将众多个人的金融资源汇集起来，共同使一个创意转化成一个项目或商机。美国学者迈克尔·萨利文（Michael Sullivan）将其定义为"众筹描述的是群体性的合作，人们通过互联网汇集一定的资金，来支持由他人或组织发起的筹资项目"。从广义上来讲的众筹，就是众人筹集资金做事情，就是民众合伙作为一个集体通过互联网对需要资金的企业或者个人项目投资的一种行为。大到国家筹集资金赈灾，小到村民筹集资金盖庙，均可称为"众筹"。

本书所研究的对象"众筹"，是狭义的众筹，是基于互联网的现代众筹。狭义的众筹，通常也称"公众融资"或"公众投资"，通常是指公众作为一个集体，通过互联网投入资金，支持其他个体或组织的活动。众筹的支持面极广，涵盖了灾难救援、书籍出版、艺术家寻求从粉丝到政治阵营的支持、初创企业或小型企业筹资等。英国使用比较广泛的众筹定义为"众筹是一种人们可以通过在线门户（众筹平台）为其活动或企业进行融资的方式"。意大利官方则认为，众筹是一种创新初创企业通过网络筹集风险资本的金融活动。我国最早将Crowdfunding翻译为云募资，Gwen Moran（格温·莫兰）、寒雨（2011）将其重译为众筹。2012年5月，百度百科收录"众筹"词条。众筹由筹资者、筹资平台、投资者三大要素组成。

众筹是金融体系与互联网结合后的产物，众多个人的金融资源汇集起来，共同使一个创意转化成一个项目或商机。所谓金融，即资金融通，是资金在需求者和供给者之间流动。现代金融体系是建立在资金需求者和资金供给者的信息无法直接匹配而促使资金中介——银行等金融机构产生的基础上。而互联网对现代金融体系最大的冲击在于互联网使得资金需求者和资金供给者信息可以直接连接匹配，从而使得传统金融机构的作用逐渐弱化。社交网络的发展为众筹的出现和发展提供了基础——便于人们创建众筹项目、参与众筹项目、支持众筹项目和做出投资决定等。传统的融资方式分为两类，直接融资和间接融资。间接融资和直接融资各自有其优缺点，但传统间接融资和直接融资都存在一个共同的问题，就是低投资门槛和高收益不可兼得，要么低门槛的投资项目收益率低，要么收益率高的项目投资门槛高。普通投资者想要以比较少的本金去获得较高的收益，一直是传统投资渠道无法解决的痛点。互联网金融近些年的迅猛发展，与其解决了这样一个痛点问题分不开的。众筹作为互联网金融的一个分支，其对于投资者而言具有这样重要的作用，而不同类别的众筹为投资者提供了不同的效用。

众筹起源于美国 2001 年开始运营的 ArtistShare 网站，该网站在 2003 年发布了第一个项目，其目的是为音乐人提供获得粉丝资助的平台。该平台在 2005 年完成第一个众筹项目，拉开了众筹的序幕。美国学者迈克尔·萨利文在 2006 年 8 月首次使用了"众筹"（Crowdfunding）这一词汇。而对众筹领域影响最大的平台 Kickstarter，是在 2009 年上线的，其背景是 2008 年的金融危机导致各层级的投资者受到了严重的打击，损失重大，因此导致中小企业的筹资变得越发困难。而塞班斯法案的颁布代表着美国金融监管前所未有的严厉，导致企业通过 IPO（Initial Public Offering，首次公开募股）实现融资的道路艰辛。需求总会刺激社会的进步，资金的需求对社会的推动作用更大而且更直接。众筹模式打破了传统的融资模式，直接跳过了传统的金融中介机构，将募资者与普通投资者直接连通，降低了募资者的筹资难度和筹资成本，同时也降低了普通投资者的投资成本。每一位普通人都能以发起人的身份，通过这种众筹模式获得从事某项创作或者活动的资金，也可以作为投资者，以少量资金通过这种众筹模式进行某项创作、活动、产品的投资，并获得相应的回报。

据 Massolution 2015 年众筹行业报告中披露，2015 年全球众筹行业筹资规模达到 34.4 亿美元（见图 2-1）。

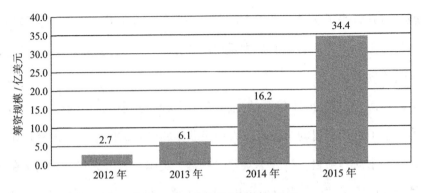

图 2-1　2015 年众筹行业筹资规模

资料来源：Massolution 2015 年众筹行业报告。

2.1.2　众筹模式的分类

互联网众筹按照出资和获得回报的方式分为预售型众筹（Reward-Based Crowd-Funding）、股权型众筹（Equity-Based Crowd-Funding）、公益型众筹（Donate-Based Crowd-Funding）和债权型众筹（Lending-Based Crowd-Funding）四类。

1. 预售型众筹

预售型众筹，支持者预先把资金支付给融资者，来获得优先得到产品的权利及融资者的其他馈赠，其魅力在于一方面满足了消费者优先获得独特产品的心理，同时也对市场反馈进行了测试，使得融资者获得早期开发和生产的资金。

传统模式下，商品流通和资金流通的起点在商品的生产者，其兼顾商品供给者和资金需求者的角色，是整个商业流程的启动点。在这种模式下，商品供给者与商品需求者虽然可能同时存在资金交换和商品交换的活动，但两者之间无法形成直接有效的信息流，需要通过中介者来完成信息的流通及资金和商品的流通。这里的中介者，也就是指作为资金中介的银行等金融机构和作为销售中介的批发商、零售商等经销商。中介者参与到商品和资金交换的过程中是基于利益驱动，也就是要在中介活动中获得利润，这部分利润不是通过中介活动创造出来的，而是通过中介活动从现有利润蛋糕中分割出去的。因此，中介者的存在使得商品供给者（资金需求者）和商品需求者（资金供给者）都产生了损失（见图 2-2）。预售型众筹恰恰很好地解决了这个问题。

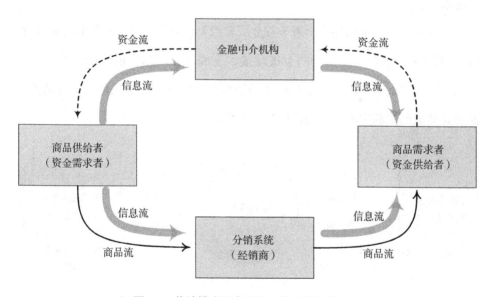

图 2-2　传统模式下商品流、资金流和信息流

同时由于供需两端信息无法直接互通，商品的信息比较容易从供给者流动到需求者，但消费者对商品的反馈信息存在滞后。虽然互联网，特别是移动互联网的发展使得反馈信息能够较快地反馈给供给者，但信息的反馈结果是在商品生产和销售完成之后，如果与需求者的需求存在偏移，就非常容易造成供给者的损失。在传统模式下，解决这个问题的方式是通过市场调研来完成的。但市场调研存在着一定问题，一是无法面对所有的现有需求者和潜在需求者进行调研，因此采用的方法是用一定的样本需求特征来推断整体需求特征，结论与实际情况存在偏差。二是如果需求者比较分散，市场调研所产生的成本比较高。在这种情况下，商品供给者在生产好商品后，发布信息，到达商品需求者后，去经销商那里购买商品。商品供给者很有可能错失很多与对商品预期略有偏差的需求者。

而在众筹模式下商品供给者（资金需求者）和商品需求者（资金的供给者）可以利用众筹平台实现信息的直接对接，完成双方对商品的预期归同（见图2-3）。在此基础上，甩开金融机构和经销商两类中间商，实现供求双方的资金流和商品流的顺利完成，从而达成双赢的结果。

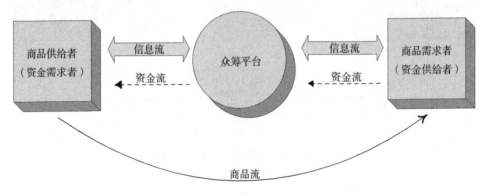

图 2-3 众筹模式下商品流、资金流和信息流

2. 股权型众筹

股权型众筹，是指公司基于互联网渠道，面向普通投资者出让一定比例的股份，投资者通过出资入股公司，获得未来收益。这种融资模式也被称作私募股权互联网化。股权众筹，使得普通大众能够通过互联网进行小额的股权投资。

下面以英国的 Crowdcube 平台为例说明股权型众筹的流程（见图 2-4）。

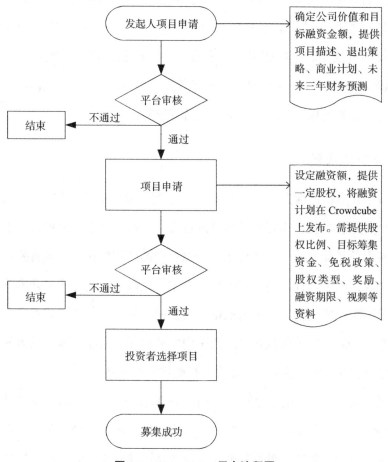

图 2-4　Crowdcube 平台流程图

Crowdcube 规定最低融资金额为 1 万英镑，没有最大金额限制。EIS（The Enterprise Investment Scheme，企业投资计划）是在 1993 年出台的旨在帮助小型且高风险的企业融资的一个项目，符合该项目规定的企业在股权融资时可减免 30% 的税费。在 Crowdcube 上的项目均符合 EIS 要求，享受免税政策。另外，部分公司可以享受 SEIS（Seed Enterprise Investment Scheme，种子企业投资计划）免税政策。SEIS 是 EIS 的延续，出台于 2012 年，帮助创立初期的公司进行融资，可以减免 50% 的税费。有 A、B 型股权，唯一的区别在于 A 型股权拥有投票权。融资者可以只提供一种股权，也可以提供两种。大多数企业提供 B 型股权。融资期限由融资者自行确定，一般不超过 60 天。如果融资者需要延长期限，Crowdcube 需要特殊审核。

3. 公益型众筹

公益型众筹，也称为"捐赠性众筹"，是指公益机构或个人在公益众筹平台发起的公益筹款项目，出资者对项目进行资金支持。公益众筹项目的发起需符合众筹平台的具体规则，它跟传统的金融筹资的区别就在于门槛特别低，而且非常强调大众的参与性。公益捐赠性众筹主要是鼓励捐赠方式的众筹，是激励大家捐爱心帮助需要的人，不求回报、无偿捐赠的一种方式。公益众筹因为不涉及资金及产品的回报所以在全球范围内发展快速，目前全球范围内的公益众筹平台已经有几千家，主要在于给别人捐赠需要的东西。

我国对股权筹资有诸多限制，《关于取缔非法金融机构和非法金融业务活动中有关问题的通知》中将"单位或者个人未依照法定程序经有关部门批准，以发行股票、债券、彩票、投资基金证券或者其他债权凭证的方式向社会公众筹集资金，并承诺在一定期限内以货币、实物及其他方式向出资人还本付息或给予回报的行为"定义为"非法集资"。

一九八九咖啡馆的股权众筹打出了"等额返卡、股份均等、3 年不倒闭"的口号，在熟人圈内发展股东，股东人数不超过 200 人，以规避非法集资的风险。在这种模式下，项目的组织架构、决策机制非常重要，与一般企业也有所不同。一九八九咖啡馆，"形成了一种与众不同的组织形态，成为一个自成长、自治理的自组织，一个高效率的孵化器和交易所"。

4. 债权型众筹

债权型众筹是投资者对项目或公司进行投资，按投资比例获得债权，未来获取利息收益并收回本金。

相对于除了股权众筹以外的其他模式的回报方式，债权式众筹的回报方式是利息回报，筹资对象主要是有资金需要的个人或者企业，投资者的投资金额可多可少没有限制，根据投资的比例获取相应利息或者分红。债权式众筹有专门的 P2P 平台进行投融资，其投资期限可长可短，有明确的还款时间。像 Prosper、Kiva、Zopa 等借贷平台有很多，随着认证程序与技术的快速发展，P2P 借贷将会迎来春天。相对于股权式众筹来说，债权式众筹模式的风险要小一些，同时又比奖励式风险大一点，因此对于投资者的要求主要介于股权众筹与奖励式众筹之间。在债券式众筹中 P2P 的风险要大于 P2B，主要是因为国内平台与数量庞大的 P2P 债权众筹项目数量不匹配，企业的违约风险高于个人。

2.2 众筹出版

2.2.1 众筹出版的界定

众筹出版是指基于互联网针对出版项目的众筹行为，是出版行业与互联网金融行业的结合。通过众筹出版，将融资与销售相融合，将作者的创作与受众的需求与传播相融合。这里的出版项目涵盖的主要范围是图书出版和杂志出版。

众筹中的出版板块最早出现在 Kickstarter 的网站中，其成立之初设立的 13 个大类中就包括出版板块。之后，出现了以出版为主要业务的专业众筹出版网站，如 Unbound、BeaconRearder、Wattpad 等。

众筹自 2011 年进入我国，"点名时间"在 7 月上线，是我国第一家众筹网站。我国出版板块最早是由众筹网 2013 年 11 月发布上线的，其包含在"新闻众筹"板块中。根据袁毅等的《中国众筹行业发展报告（2016 年）》统计，国内运营的 301 家正在运营的众筹平台中有 23 个平台有出版类的项目。

众筹出版为各种出版图书或作品的人或者单位提供了实现其愿望的渠道。众筹出版发起人中不仅有传统出版中常常见到的作者或编者，比如作家、诗人这样的专业写手和教师、媒体从业者这样的兼职写手，还有传统出版中不常见到的企业高管、咨询师这样的经验传播者，甚至还有在传统出版中很难见到的公益参与者、工程师、残疾者、僧人等文字爱好者。众筹出版不仅给圈内的人提供了更多的出版方式和渠道，也给很多圈外的人提供了走进圈子的路径。

众筹出版为各种类型的图书都提供了出版的机会。对各种平台已发布的项目进行分析，可以发现出版物类型的多样化，有小说、诗集、散文集、杂文集、画册，有管理类、考试类图书，有知识类的图书，如书法集、征文文集、非名人的传记，甚至还有少数民族语言读物。

2018 年，杨新桥发起"《新国学之中华定律效应与法则》众筹出版及新书预售——弘扬中华文化，填补中国空白"项目，这是真正意义上的众筹出版。发起项目时，杨新桥刚刚 23 岁，从云南大学旅游文化学院毕业。他将大学里创作的作品在毕业时出版，与出版社签订了 1000 本的出版印刷合同，通过众筹的方式筹集出版印刷的资金。最终该项目只用了 25 天即获得了成功，并筹集了 1 万余元的资金，其中包含 20 人次的无私支持。

另一例众筹出版是七月友小虎发起的"《诗之帝国》是我必将倾尽一生的诗歌信仰"项目。七月友小虎原名李源，是一名脑瘫残疾者，通过文学走出心灵困境。为了正式出版自己的诗集，发起了众筹项目，经过 58 天的众筹活动，最终获得了 5 万余元的支持。这 5 万余元的筹资金额中，基本由无私支持构成，共获得 114 人次的支持，筹集无回报资金 4.9 万余元，占比高达 95%。

这类作者和作品很难在传统出版模式中得到支持，而众筹出版为这些有着独特亮点的作品点燃了希望之火。

2.2.2　众筹出版的优势

1. 风险下沉

传统出版模式下，出版失败或者出版物经营失败的风险主要集中在作者和出版社，其中出版社承担的风险最大。出版社在选题策划时尤其谨慎，一旦选题失败，会给出版社带来较大的风险。因此，一方面出版社承担着较大的出版失败和经营失败的风险；另一方面，由于出版社的谨慎，很多出版物得不到出版的机会，而为作者带来投稿失败的风险。这种结果对于受众来讲，带来的风险就是得不到心仪出版物的风险。

众筹出版模式可以将选题的风险分摊至作者、出版社和读者，这样更加有利于激励出版社积极出版，同时降低了作者投稿失败和读者错失读物的风险。

2. 低成本营销

传统图书的营销模式是将图书以一定的折扣价格分销到新华书店、民营书店和网店等零售渠道，杂志和报纸除订阅部分外，分销到各报亭、便利店。如果分销方没有全部销售出去，形成库存，会将这部分书籍退回出版企业，最终造成出版企业的库存压力。所以出版社对选题、确定印刷数量都十分谨慎，否则因无法销售形成的库存会导致企业的效益下降。

图书等出版物的营销模式基本也是通过在各零售书店或网店进行摆放或者在网站购买广告位来完成宣传工作。这样的营销方式要么效率低、效果差，要么是营销成本高、效果也不一定好。

众筹出版利用众筹平台的影响力和移动互联网的传播速度，可以快速实现出版物信息的低成本有效传播。众筹平台一般只按筹集资金总额的一定比例提取费用，有些平台目前处于免费状态。通过众筹平台发起众筹项目，相当于在众筹平台免费做广告，如果能够成功，支付的提成费用也不高。因此，众筹出版是一个低成本的营销策略。

3. 实现有效印刷

小众书籍的读者范围有限，众筹在与有效需求对接方面有天然优势。如众筹网 2017 年的"良老师四川省教师公招教材《教育公共基础·考点全解》"这个众筹出版项目。该图书所面对的潜在需求者只有准备参加四川省教师公招考试的人士。在传统出版渠道，由于潜在需求者较少且分布不确定，出版印刷存在两难境地，印数数量和销售渠道都难以选择和确定。印刷数量过多，产生积存，成本太高；印刷数量过少，不能满足有效需求。销售渠道同样如此，销售渠道铺得过广，成本太高；销售渠道铺得过窄，图书信息无法传达至需求者。

众筹出版很好地实现了与有效需求的对接，不会产生过多的库存图书。

4. 为小众图书打开出路

从对众筹出版的项目进行调研后发现，除了传统出版中常见的类型图书，还可以看到很多普通作者和小众作品的图书。例如，2016 年 12 月众筹网发布的标题为"生命如此美丽——献给所有与癌症抗争的人们"的项目，作者是一名罹患双癌的癌症晚期患者的丈夫，在作者的努力钻研和帮助下，妻子已战胜病魔并痊愈。在这个过程中，为了帮助其他癌病患者战胜病魔，他总结经验、查阅资料，写下了《生命如此美丽——献给所有与癌症抗争的人们》这本肿瘤医学科普书籍。该项目共获得了 171 人次的支持，筹集资金 1 万余元，众筹完成率达到了 106%，顺利完成众筹后，由山东科学技术出版社编辑出版。

众筹网的一大类项目是诗集。现在已不是"白衣飘飘"的年代，非功利性读诗，特别是读现代诗歌的人越来越少。虽然诗歌目前处于边缘化和小众化的状态，但从来不缺乏爱好诗歌的人。众筹可以让这样的诗意能够在现代化、科技化的今天及未来得到很好的延续。从这个角度讲，众筹出版的目的不是筹集资金，而是信息的传播。

5. 作者的多元化

传统出版条件下，图书出版的决策权在出版社等出版企业的编辑手中，而出版企业作为营利性企业，将是否可以盈利作为选题通过的重要的前提。图书市场的盈利点基本属于畅销书。所以传统出版条件下，作者或者书籍主编都是具有大众领域特长或能够迎合市场需求的人，普通人基本与图书出版无缘。

众筹出版极大地降低了出版的门槛，让更多的人可以进行写作，可以参与图书、杂志和其他出版物的制作和出版。我们可以看到，众筹平台上的众筹项目的作者不仅有高校的教授、各行各业的专业人士，还有在校生、家庭主妇（如小说《漂亮主妇》）、坚强的残障人士等一些普通人，甚至有高中生和小学生。众筹出版这一互联网的产物在信息畅通的今天，为出版市场增加了更加多元化的作品和多元化的作者。

6. 商业推广的新渠道

从众筹出版的部分案例可以看出，发起人发起图书众筹的目的并不在于销售图书，而是将图书及图书众筹作为其产品的商业推广渠道。有些项目是将自家公司的经营管理经验制作成书籍进行众筹，通过图书把公司经营的产品和经营理念传递给消费者。也有设计的回报方案中，将自家产品作为一项重要的回报，相当于给支持者提供试用装，从而提高产品的知名度和认可度。

7. 给读者更广阔的视野

目前书店和主流出售图书的网店虽然会有广告位，但数量较少，且主要为畅销书，范围较窄。信息爆炸的年代，读书碎片化的年代，书海浩渺，书评繁多，读者选择图书，很难在没有特定目标的情况下找到可能会引起阅读兴趣的书籍。众筹出版这一渠道，因为给小众书籍提供了发行的渠道，通过浏览众筹平台，可以找到一些有意思的图书。

2015 年 1 月，众筹网发布的由北京理工大学计算机学院樊孝忠教授撰写的章回体小说《电脑外传》。曾经出版过计算机精品教材的樊教授为了更好地向青少年普及计算机基础知识，通过这部小说的编写，将枯燥的计算机教学内容转化为生动有趣的故事。这个项目的目标筹资是 2 万元，最终获得了 186 人次的支持，筹集资金 4 万余元。这样有趣又别致的图书，如果没有推荐，大概也只能在众筹平台上可以找到。该书原价 56 元，众筹价最高单价 35 元，是原价的 6.25 折，读者通过众筹的方式以较低的价格获得了心仪的图书。

看到《梦控师》这个图书出版项目，才知道世界上还有梦控师这个职业。看到"小众出版：'艺术与人'怪物考——西方中世纪幻想艺术图文志"这个项目，才知道有画师把书中描绘的那些现实中并不存在的怪物精致地描绘出来。所以，众筹出版不仅给予了小众图书作者出版的机会，也为读者找到可读的书创造了渠道。

8. 便于作者建立自己的以作品为核心的社群

在互联网尚未普及时，读者想要跟作者交流读书的感想，一般会通过信件的方式。郑渊洁作为童话大王，在 20 世纪八九十年代名声响彻大江南北，他曾说过，之所以很早就在北京购置房产，就是为了存放读者的来信。这样需要一整套房子存放的信件，在今天可以存放在小指尖那么大的卡上。人和人的交流在互联网全面普及的情况下是如此便捷和迅速，作者和读者的交流有多种便捷的方式可以采用。但面对接着一根网线的电脑如何辨别另一端或者无数端的电脑前是不是真正的读者，就成为一个难题。众筹出版就给予作者这样的机会，遴选出真正的读者，以作品为核心建立交流的社群，交流沟通，创造出更好的作品，形成良性互动。给读者提供支持作品的渠道，增加读者的参与感。

2.2.3　众筹出版的劣势

1. 出版物质量无法直接验证

众筹出版的标的一般还没有正式出版，在市场上并没有开始销售，而众筹平台给予作者展示的空间非常有限，用户比较难以通过有限的资料来了解出版物的质量。在传统渠道下，读者可以翻阅样书的全部内容，可以辨别内容质量、编制质量和印刷质量，而在众筹的渠道下，对这些质量问题都无法预知。

2. 无法完全满足有效需求

由于众筹平台众多且分散，众筹期限有限，同时了解众筹出版的读者也并不太多，因此很多只在众筹平台上完成发行销售活动的小众图书，可能会错失很多有效需求。

2.3　文献综述

通过输入"众筹出版、数字出版、众筹出版平台、互联网金融、出版模式"等关键字，利用中国知网检索相关信息可以发现：有关于众筹出版的理论研究一共有 160 篇（数据截止日期为 2017 年 9 月 29 日）。如图 2-5 所示，其中发表于 2013 年有 2 篇，2014 年有 31 篇，2015 年有 56 篇，2016 年有 49 篇，2017 年有 22 篇。

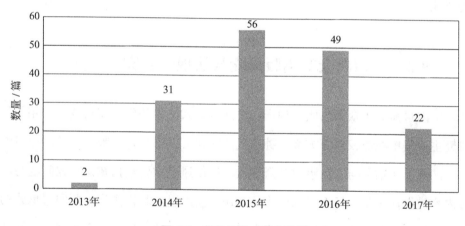

图 2-5　各年度论文发表数量

2.3.1　对国内众筹出版的现状与存在的问题的研究

随着众筹的蓬勃发展，众筹出版这个新的领域引起了理论界学者的关注。由于众筹在国内的发展相对于国外来说较晚，关于这方面的理论资料研究也相对较少。目前在众筹出版现状与问题研究方面的研究主要包括：于晓燕（2015）指出国内众筹出版是对于传统出版角色的颠覆,图书出版格式的革新,是图书出版的"长尾效应",但是由于国内众筹出版起步较晚加之外部环境不健全等因素,国内众筹出版商业模式仍然存在一些问题需要进一步的探索。徐琦、杨丽萍（2014）以大数据的方式对国内四家众筹平台的出版项目数量、融资额度、项目方与项目主要内容进行了分析,梳理了国内众筹出版发展情况及存在的主要问题。白志如（2014）选取众筹网、点名时间、追梦网等平台的数据对其融资项目进行深入分析之后提出了一些关于我国众筹出版发展的建议。

2.3.2　对国内众筹出版风险与法规的研究

国内目前对于众筹出版这种产品类众筹方式法律的研究相对缺乏,相关的研究主要集中在股权众筹方面。钟悠天（2016）提出众筹出版面临的法律风险主要涉及非法集资与非法吸收公众存款；道德风险主要包括知识产权问题与出版内容被操控风险。杨春磊和江华（2016）指出以出版物作为主要回报形式的众筹出版可能涉嫌违法犯罪,主要表现为众筹出版的项目人与众筹网站可能涉嫌集资诈骗罪、非法经营等罪行,还提出融资风险的立法完善方式：制定"众筹融资特别法"。

2.3.3　对众筹出版案例的研究

潘静超（2014）梳理了国内众筹出版成功案例：《创业时，我们在知乎聊什么》《中国古代装束复原》《本色》《社交红利》；失败案例：《青春志》《99 心愿私房菜菜谱》，总结出众筹出版成功案例与失败案例各自的特点，指出具备哪些特征的图书容易众筹成功。任翔（2014）主要分析了欧美两个重要众筹出版平台：Ten Pages 与 Unbound，对其商业模式及对出版行业发展的影响进行了研究。张廷凤和徐丽芳（2015）介绍了众筹出版平台 Pentian 的运营、商业模式及其具体的实践并进行了研究。徐艳和胡正荣（2014）对众筹出版在国外的发展及国内的情况进行了梳理，指出众筹出版行业存在的问题并且提出了一些相关的建议。

2.3.4　对国内众筹出版制约因素与运营机制的研究

钟建林（2015）提出众筹出版存在如下制约因素：不健全的法律环境，知识产权保护不力，盈利模式制约，公众认知模糊。进一步分析了众筹出版对出版产业转型及发展存在多方面的影响。王慧和徐丽芳（2014）分析了众筹出版平台 Unglue.itde 有关于出版类的业务，并对其运作模式及将会面临的困境做了研究。张书勤（2014）指出众筹出版模式中主要角色在各个环节中的不同作用。袁甜阳子和沈阳（2015）对众筹出版活动的主体、众筹出版活动的主要运作流程、众筹出版参与者的动机进行了梳理。他们还进一步分析了众筹出版的常见模式及对国外众筹出版平台进行了比较分析。

2.3.5　国内众筹出版的特点和运营模式研究

范军和沈东山（2015）提出众筹出版具有如下特征：① 开放性和互动性；② 受众影响、参与出版物的生产和流通；③ 众筹出版项目内容时尚或优质。于晓燕（2015）指出我国众筹出版的特点：① 以综合类回报性众筹平台为依托；② 图书众筹项目参与方多元性；③ 出版图书的领域具有集中性。钟悠天（2016）提出众筹出版特性如下：① 开发性；② 参与性；③ 定制性；④ 延伸性。袁甜阳子（2015）梳理了众筹出版的运作模式，主要分为三个部分：众筹出版的主体构成要素、众筹出版活动的基本运作流程及众筹出版参与者动机。

第3章 众筹出版平台与模式研究

3.1 国外众筹平台

3.1.1 全球众筹平台概况

1. 全球众筹平台数量规模

图 3-1 是 2010—2016 年全球众筹平台数量走势图，可以清晰地看到 2010—2016 年七年间众筹平台数量增加了 1506 家。特别是 2012 年后每年众筹平台数量都在大幅增加，这主要是由于各国监管部门对于众筹发展的全力支持，制定出符合国内众筹发展的相关监管制度。众筹快速发展催生了制度的产生，制度的规范又促进了众筹行业的蓬勃发展，所以全球众筹平台数量才会保持大

幅度的增长趋势。随着更加规范的制度的产生，越来越多的专业众筹平台将会出现，众筹将会进入又一个爆发式发展阶段，为全球金融的发展带来机遇。众筹的蓬勃发展不仅对于全球众筹投资者有利，更重要的是其可以为创业者提供更多的机会与支持，发挥创业者的优势，促进新兴产业的诞生，推动社会经济的发展。

图 3-1 2010—2016 年全球众筹公司数量走势图

资料来源：《中国产业发展研究网》。

图 3-2 是 2010—2016 年全球众筹平台数量增长率的变化趋势，2010—2011 年与 2012—2013 年增长率保持同比上升的趋势，其余年份增长率则较为缓慢。随着大部分发展中国家制度的完善，未来众筹平台增长率将会保持大幅上升的趋势。

图 3-2　2010—2016 年全球众筹公司数量增长率

资料来源 :《中国产业发展研究网》。

2. 全球众筹交易规模

如图 3-3 所示，2009 年众筹融资交易规模为 32.10 亿元 ; 2010 年众筹融资交易规模为 52.10 亿元，同比增长率为 62.10% ; 2011 年众筹融资交易规模为 92.40 亿元，同比增长率为 77.40% ; 2012 年众筹融资交易规模为 169.00 亿元，同比增长率为 82.90% ; 2013 年众筹融资交易规模为 315.70 亿元，同比增长率为 86.80% ; 2014 年众筹融资交易规模、同比增长率分别为 614.50 亿元、94.60% ; 2015 年众筹融资交易规模、同比增长率分别为 1123.10 亿元、82.80% ; 2016 年众筹融资交易规模、同比增长率分别为 1989.60 亿元、77.20%。

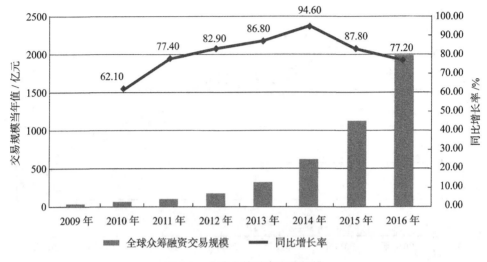

图 3-3　全球众筹融资交易规模

资料来源：前瞻产业研究院。

3. 商业模式多样化

目前在全世界范围内已经出现为电子产品硬件生产、教育学费、自媒体平台、独立研究基金、作家出版书籍、社交网络、第三方支付平台、房地产开发、汽车销售等项目为服务对象的众筹平台。表 3-1 是涉及的一些典型众筹平台的汇总。

表 3-1　多样化的商业模式

众筹 + 形式多样	著名代表众筹平台
房地产	Fundrise（2010 美国）购置物业、收取房钱，同时供给房地产评估服务
股权众筹	Crowdcube（2011 英国）2013 被承认正当；Wefunder（美国）初创公司集资平台
教育	Donors Choose（2000 美国）慈善捐助网，资助课堂项目
音乐	ZIIBRA（美国）音乐众筹平台
旅游	Trevolta（2013 南非）在线旅游众筹

众筹 + 形式多样	著名代表众筹平台
众筹社交网站	Rock THe Post 投资者的网络交流社区；Lucky Ant 身边的众筹，区域性项目；Tilt（2012 美国）好友间的集体活动
时装	ZAOZAO（2012 香港）亚洲第一个时尚用品众筹平台
出版社	Unbound（2011 英国）世界上首家众筹出版社

3.1.2　主要债权型众筹平台介绍

美国的债券型平台有 Lending Club、Prosper、Kiva、Crovonrise 等。

1. Lending Club

Lending Club（lendingclub.com）位于美国洛杉矶，成立于 2007 年。2014 年 12 月 12 日开始在纽交所挂牌交易，代码 LC。Lending Club 是美国最大的在线信贷平台，发行资金超过 440 亿美元。Lending Club 发放贷款的要求有：营业 12 个月或以上；年销售额至少 5 万美元；最近没有破产或税收留置权；申请人拥有至少 20% 的业务，并且至少拥有公平或更好的个人信用。

Lending Club 有两个板块，一个是面向融资者的，一个是面向投资者的。平台可以向融资者提供四个类别的贷款：个人贷款、商业贷款、汽车再融资和医疗贷款。投资分为个人用户和机构用户，投资者可以在平台上寻找融资者发起的融资项目，也可以进行多元化的投资。

在平台签署的贷款协议，包括利率、抵押品、还款方式、还款金额等都可以单独协商，不一定适用格式条款。

2. Prosper

Prosper 成立于 2006 年，是美国的一家 P2P 在线借贷平台网站，世界排名 2 万名左右。网站撮合了一些有闲钱的人和一些急用钱的人。用户若有贷款需求，可在网站上列出期望数额和可承受的最大利率。潜在贷方则为数额和利率展开竞价。

3. Kiva

小额贷款公司 Kiva（kiva.org）位于美国旧金山，是世界上第一个提供在线小额贷款服务的非营利组织，借贷板块在世界 72 个国家开展业务。该平台的借贷主要针对的对象是无任何资产可供抵押的人，支持者可以通过该平台将钱借给那些急需资金的人。该平台的运营主要依靠捐款，Paypal、谷歌、雅虎、YouTube 等互联网企业都为其提供了免费服务。

4. Crowdrise

Crowdrise 是专门为非营利组织在线筹集资金的平台。平台设置四种模式帮助非营利组织筹集款项。一是可以在平台申请举办晚宴、音乐会和郊游等慈善活动，平台帮助销售门票、协助募捐；二是可以通过互助跑动、散步、骑行等户外运动拉来参与者进行筹款；三是可以在平台创建单项活动，通过 DIY 和点对点进行筹款；四是通过社交媒体工具的广告页面展示企业理念，获得更多受众的支持。

3.1.3 主要股权型众筹平台

世界范围的股权型众筹平台包括向对合格投资者的 CrowdFunder、CircleUp、
EquityNet、Fundable、FundersClub、OneVest、WeFunder、Micrventures、
OfferBoard、Startup Valley、Seedrs 等平台，还有面向所有投资者的 Crowdcube、
StartEngine、SeedInvest、Banq.co 、Seedrs 等平台。

1. CrowdFunder

CrowdFunder（http://www.crowdfunder.co.uk）于 2010 年在英国伦敦成立，
为初创企业和高增长企业提供股权融资。拥有 1.2 万个人和机构投资者成员和
3.6 万企业成员。该平台设有风险投资指数基金，投资者既可以直接在该平台选
择风险项目直接投资，也可以通过风险投资指数基金进行间接投资。截至目前，
该平台已实现了 1.6 亿美元的融资，其中有 100 多个项目平均筹资规模达到 180
万美元。

2. Fundable

Fundable（www.fundable.com）是美国的一家股权众筹网站，依靠 2012 年
颁布的 JOBS 法案，为初创期和成长期的公司提供融资服务。截至 2021 年，该
平台已实现了 5.63 亿美元的融资。该平台为初创者设立了在线培训课程，有
650 份专家培训视频和 1000 多条"更快创立"企业的指南。Fundable 本身就是
初创企业，创始人从数十名天使投资人和风险投资人那里筹集了创立资金，所
以对创业所面临的挑战有很深的了解，可以提供更好的服务。

3. Crowdcube

Crowdcube 是英国目前最大的股权群众募资平台，自网站成立以来，交易额已达到 55 亿英镑，按照目前的增长速率，很快能达到 1 亿美元交易额。Crowdcube 主要聚焦在初创企业和初具规模的企业，旨在达成大额融资。众筹融资成功时，投资者持有并控制股份，与平台的关系就此结束。小额投资人只持有无投票权的股份，大额投资者可收购有投票权的股份。

4. Seedrs

Seedrs 是一个股权众筹平台，更加关注创业型企业，采纳了代名人的形式，持有投资人的股份。Seedrs 作为代理人，代表的是股东的利益，要求融资成功的项目定期向投资者汇报。平台自身也通过众筹的方式为自己筹集了 200 多万美元的资金。

3.1.4 预售型众筹

1. Indiegogo

Indiegogo（www.indiegogo.com）2008 年成立，总部位于旧金山，是美国最早的众筹平台之一，也是全球最大的众筹平台之一。截至 2018 年，Indiegogo 已在全球覆盖超过 220 个国家和地区，实现 80 万个项目成功上线发布，筹集总金额达 15 亿美元。

如图 3-4 所示，Indiegogo 的收费分为两档，免费和 5% 手续费。该平台为发起人提供了两种众筹模式选择，一种是固定众筹，针对有严格最低筹资额的项目，即"要么全有，要么全无"（all-or-nothing）的项目，如果没有达到最低筹资额，所有贡献资金均全部返回支持人；另一种是弹性众筹，允许灵活融资，针对没有严格的最低筹资额要求的项目，即使是项目时间截止日，筹集资金总额没有达到目标筹资额，发起人也可以保留所有支持人的贡献。

图 3-4　Indiegogo 的收费情况图

2. Kickstarter

Kickstarter 于 2009 年成立于纽约，是众筹兴起之源。平台最初的搭建是基于为艰难奋斗的艺术家专注创作而筹集资金，通过网络平台向公众筹资，让有创造力的人可以获得其所需要的资金，以使他们的梦想有转换成现实的可能。专注于工业消费品和电子科技，该平台将众筹项目划分为游戏、设计、科技、电影＆影片、音乐、时尚、出版、食品、艺术、漫画、摄影、剧院、手工艺、新闻、舞蹈 15 个大类。

Kickstarter 实时播报项目上线和完成情况。截至统计时间，该平台成功筹款的项目为 16.85 万个，总筹资为 44.83 亿美元，总支持人数 1670 万，反复支持人数 548 万。❶出版类项目共 47180 个，筹资总额 1.67 亿美元。出版项目中，已完成出版类的项目 46859 个，成功筹集款项目 15271 个，筹资 1.47 亿美元；未成功筹集款项目 31588 个，筹资金额为 0.2 亿美元。

Kickstarter 平台上线项目活动时间在 1~60 天，众筹项目资助金额没有上限。只接受"要么全有，要么全无"（all-or-nothing）的项目，也就是众筹融资人设定了一个目标，必须达到这个目标才能得到分配的资金。允许对线上项目进行精选分类，平台管理层对项目进行筛选。

Kickstarter 在项目众筹成功后收取实际筹资额的 5% 作为平台佣金，资金交易平台亚马逊收取 3%~5% 的交易佣金。

3.1.5　公益型众筹平台

Watsi 为全世界有医疗护理需求的人们提供众筹服务，致力于将其网站打造成低成本、高影响的众筹平台。Watsi 能够做到百分之百转账融资款项。

Fundly，允许用户创建和管理任意捐赠型众筹项目，可以申请医疗服务、举办慈善活动、组织旅行和冒险等无限定性的申请。

---

❶　https://www.kickstarter.com/help/stats?ref=about_subnav.

3.1.6　出版类专业众筹平台

预售型众筹 Indiegogo 和 Kickstarter 是面向多品种产品的众筹，其中包括图书的众筹。除了这种综合类的平台外，还有很多专业从事出版的众筹平台。

1. Inkshares

Inkshares 是 2013 年由杰瑞米·汤姆斯等三人共同创办的专业性的众筹出版平台。该平台最初采用股权众筹的模式，支持者通过购买图书的投资份额分享图书利润，但由于法律和实践的局限，最终转型为预售型众筹模式。

Inkshares 能提供的不仅仅是众筹服务，还包括营销和推广方面的行业知识支持，能让作品进入更大的市场。

2. Pentian

2004 年，Pentian 成立于西班牙，是一家传统出版商。基于现代出版数字化、网络化的发展，创建了专注于众筹出版的在线平台。首席执行官恩里克·帕利利亚（Enrique Parrilla）在接受采访时称有 40%~60% 的书能够完成他们的筹资目标，大约 5% 的申请的项目会被拒绝。这个平台比较独特的特点是，"一旦图书出版销售后还可以向所有参与工作的人提供财务奖励"。

3. Unglue.It

Unglue.It 是 2015 年 5 月上线的众筹出版平台（见图 3-5）。其目标定位并不仅仅是图书的供给者和需求者提供融资和交易的平台，它是为了使更多图书成为开放资源从而以被所有人免费获取。因此，该平台最初的设计是，出版项目的发起人设定筹资目标金额，如果筹集到的资金超过这个目标，出版项目就可以由支持者免费共享、任意阅读。如果筹集到的资金没有达到这个目标，则支持者的资金退回，也不能获得共享的许可。2013 年，Unglue. It 放松了达到筹资目标的硬性要求，没有达到目标，支持者也可以获得电子版，但只有达到资金目标额时才享有共享权。截至目前，Unglue. It 平台上有超过一万本的免费图书。

图 3-5　Unglue.It 众筹出版的三种模式

4. Emphas.is

Emphas.is 成立于 2011 年，其独特之处在于，它是专门为摄影新闻工作者提供融资服务的众筹平台。发起人可以申请将自己的拍摄计划在平台上进行发布，包括拍摄内容、预算等，审核团队会对发起人的申请进行审核，审核通过后，即可上线。如果支持者对这个拍摄项目感兴趣的话为其提供融资支持。

5. Fan Funding

Fan Funding 是成立于 2013 年的加拿大的一家众筹出版平台，这是一个专门为作者发布众筹项目的平台。项目的发起者可以是为自己的写作想法和创意筹集资金，也可以是为已创作完成的书籍募集印刷费用，或者是为电子化的专业化排版等筹集费用。所有项目上线周期不得超过 30 天，若项目在 30 日内未达成目标额度，则用户已支付的金额会被全部退回。

6. Unbound

Unbound 是成立于 2011 年 5 月的伦敦的一家基于传统出版产业链的众筹出版平台。Unbound 是借助新型互联网工具对传统出版思维改造后的众筹出版平台。Unbound 保留了传统出版平台的项目审核程序，并不是所有的出版项目都可以通过其平台进行众筹。Unbound 对出版项目有严格的审核程序，对出版项目选题和内容进行筛选、编辑和加工。

7. PUBSLUSH Press

PUBSLUSH Press 是成立于 2011 年的美国的一家专门做图书众筹的平台。该平台与 Unbound 最大的区别是审核的权限没有保留在平台，而是交给了参与众筹的支持者。该平台规定，作者在发起项目时需提交关于书籍内容的摘要及他 / 她认为最出色的 10 页内容，读者通过阅读这些资料来资助(或预购）他们认为好的作品。当一本书获得了 2000 位用户的支持（或满 2000份预购）时，就会得到出版机会。图书的内容确定后，图书出版的其他环节，包括编辑、设计、校验、印刷和发行等环节由 PUBSLUSH Press 平台负责完成。它研发了一款定制化服务工具，在众筹过程中与作者合作，帮助作者运营一个成功的活动。

3.2 国内众筹平台

如图 3-6 所示，国内一共上线了 808 家众筹平台。2011 年上线 3 家平台，目前已有一家平台转型或者下线；2012 年上线了 11 家众筹平台，转型或者下线 4 家平台；2013 年上线平台数为 20 家，转型或下线 12 家；2011—2013 年总共上线 34 家平台占比 4.21%；2014 年国内众筹平台数量剧增达到 168 家上线平台，占比 20.79%；2015 年继续保持增势，众筹平台数量达到 289 家，占比为

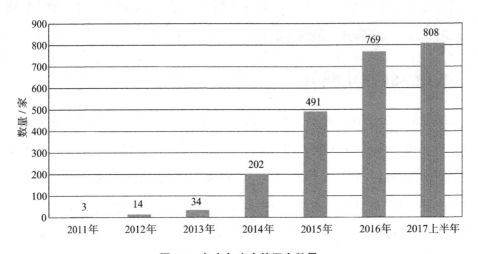

图 3-6　各个年度众筹平台数量

资料来源：《众筹家》截至 2017 年 6 月底。

35.77%；2016 年上线平台数量依然可观，达到 278 家，占比 34.41%；2017 年上半年众筹平台数量锐减，仅有 39 家众筹平台上线。从图 3-6 中可清晰地看出，在 2017 年上半年的 808 家众筹平台中，已经转型或者下线的平台数量为 369 家，还在继续运营的平台数量为 439 家。

如图 3-7 所示，2011—2013 年上线的 34 家平台中，正常运营的与已经转型或者下线的平台数量各占一半，均是 17 家；2014 年仍在正常运营的有 87 家，占 2014 年全部上线平台数量的比例为 51.79%；2015 年还在正常运营的平台数量为 147 家，占全年上线平台数量的比例为 50.87%；2016 年正常运营平台数量为 151 家，占比为 54.32%；2017 年上线平台中已经下线或者转型平台数量为 2 家。

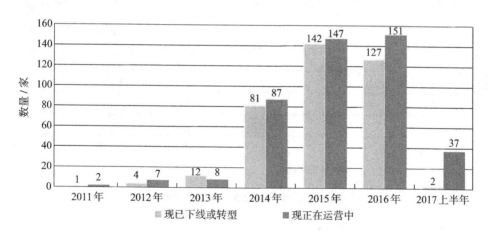

图 3-7　各个年度正常运营与转型平台数量

资料来源：《众筹家》（截至 2017 年 6 月底）。

3.2.1 国内众筹平台概况

1. 融资规模、众筹类型分布现状

如图 3-8 所示，国内众筹平台融资规模在 2013—2015 年之间同比增长率较高，2015 年后同比增长率直线下降。融资规模较大的年份主要集中在 2015 年与 2016 年，2016 年融资规模甚至达到 175.00 亿元。

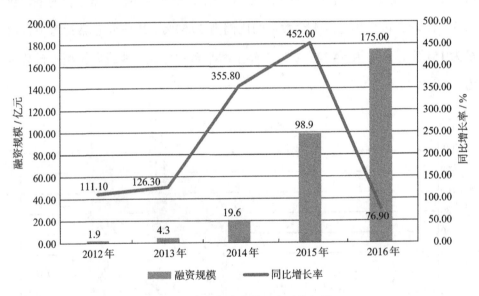

图 3-8　各个年度众筹平台融资规模

资料来源：《众筹家》。

如图 3-9 所示，国内运营中众筹平台类型主要分为物权型、权益型、股权型、综合型、公益型。在 439 家继续运营的众筹平台中，物权型平台数量最多，达到 135 家，占比约为 31%；权益型众筹平台数量为 120 家，占比约为 27%；股

权型众筹平台数量为 113 家，占比约为 26%；综合型众筹数量为 61 家，占比约为 14%；公益型平台数量最少，仅有 10 家，占比约为 2%。在 2016 年上半年以前，股权众筹型与权益众筹型平台占比较大，但是由于 2016 年下半年汽车众筹的全面爆发导致大量平台上线，使得物权型众筹平台超过股权型众筹平台和权益型众筹平台，在各类型平台中占比最高。

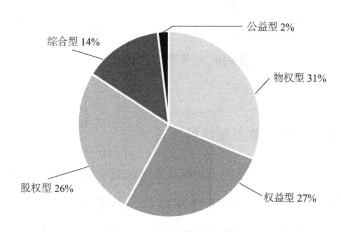

图 3-9　运营中平台类型分布

资料来源：《众筹家》。

2. 我国众筹平台地域分布情况

图 3-10 是我国 439 家正常运营众筹平台在 13 个地域分布情况，从图中可以看出：众筹平台数量分布居多的主要是在北京、广东、山东、上海、浙江、江苏等地，众筹平台主要聚集在经济发达的沿海地区。其中北京有众筹平台 85 家，占比为 19.36%；广东有 75 家，占比为 17.08%；山东、上海、浙江、江苏分别为 74 家、55 家、38 家、25 家；其余地区众筹平台数量较少。

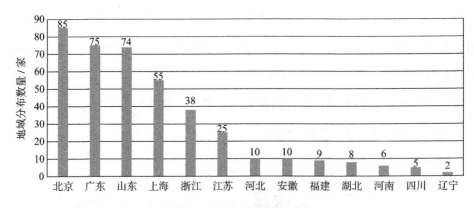

图 3-10　众筹平台地域分布

资料来源 :《众筹家》。

3.国内众筹平台众筹出版项目数量

图 3-11 所示为国内主要众筹出版平台众筹出版总项目与成功融资项目的统计情况（数据截止日期为 2017 年 9 月 18 日），可以看出我国众筹出版平台主要涉及众筹网、京东众筹、追梦网、青橘众筹等众筹平台。众筹出版项目数最多的是众筹网，达到 639 个，成功项目数量为 585 个，占比为 91.5%；京东众筹成功出版项目占比为 94.3%；追梦网成功出版项目占比为 53%。

众筹网众筹出版项目及成功项目的分类情况如图 3-12、图 3-13 所示。主要涉及的出版图书类型包括人文、生活、经管、互联等。

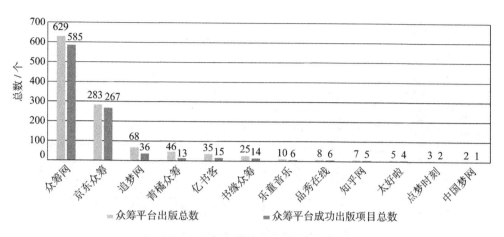

图 3-11　众筹平台总项目与成功融资项目统计

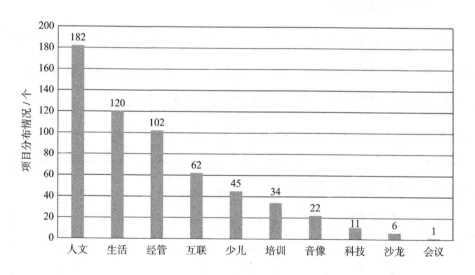

图 3-12　众筹网众筹出版项目分布情况

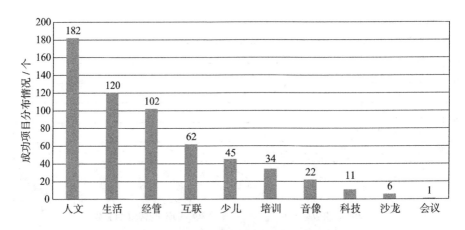

图 3-13　众筹网众筹出版成功项目分布情况

4. 众筹出版规模分析

图 3-14 所示的是各个众筹平台出版项目的总融资额度，出版项目融资额度最多的是众筹网，其次是京东众筹、追梦网、青橘众筹等，融资额度依次为 284 735 275 元、135 304 650 元、3 616 830 元、2 295 124 元。

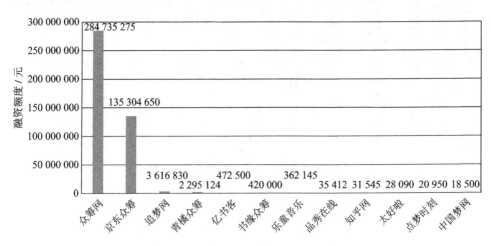

图 3-14　众筹平台出版项目成功融资总额

5. 众筹出版运作流程

了解众筹出版之前，先来看一下传统图书出版的流程。一本图书的出版要经过选题批报、组稿与编稿、审稿与申报书号、确定印数与价格、最终排版与印刷等一系列的环节，具体操作如图 3-15 所示。

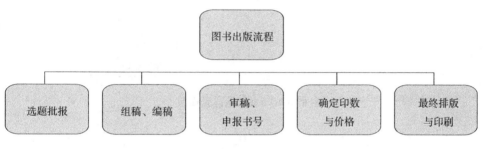

图 3-15　传统图书出版流程

选题与产品的立项一样，对一本书的写作方向非常重要。图书编辑通过以下内容对一本书是否有市场价值进行调查：调查输出地读者需求、盘点库存、版权资源调查、传播途径调查、版权购买机构调查、图书的制作流程调查。调研过后编辑提出选题，经过查核委员会批准之后，报新闻出版局批准。选题通过之后就会进入正式的编辑阶段，出版社与作者签订委托、出版合同、版权所属、稿酬等。作者完成图书编辑交付稿件之后，出版社的相关人员会进行校对、排版、再次报批审核，通过之后图书确认出版，出版社支付作者稿酬。进入出版的审稿、申报书号阶段需实行三审制度，然后确定印刷数量与图书价格，最后进入最终排版和印刷阶段。众筹项目流程则如图 3-16 所示。

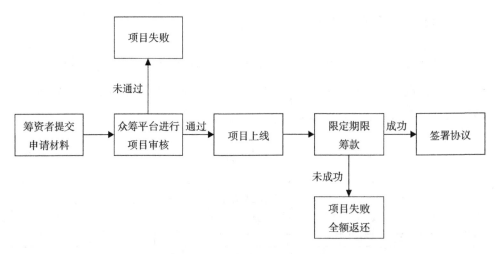

图 3-16 众筹项目流程图

众筹出版流程中，出版融资者首先会在网上全方位展示出版项目的信息供投资者进行浏览。如果在限定期限内筹集到所需资金，那么出版项目资金就会如期到位，接下来才会进入图书的一系列制作流程。相对于传统出版项目来说，众筹出版项目在进行排版与印刷之前资金已经到位，不会因为图书库存造成资金难以回笼问题，也会带来一些大数据营销优势，让小众读物有了面世的机会。

我国众筹出版平台分为两类：专业众筹出版平台和综合众筹平台。专业众筹出版平台一般依托于出版社或出版集团，如"来出书"是依托于知识产权出版社，或者是由出版人发起筹建，如"亿书客"的法人是出版人杜孝明、"赞赏"由传统出版人王留全和资深媒体人陈序创建；另外一类是综合众筹平台，如我国创立最早的众筹平台"点名时间"，以及著名电商淘宝、京东发展出来的众筹板块。

3.2.2　专业众筹出版平台

专业出版平台大多脱胎于出版行业，是出版行业应对数字化、互联网化的重要措施，其特点是专业程度高、对图书出版行业资源的掌控能力强。一般该类平台具有专业的项目筛选和对接机制，在出版行业拥有丰富的资源和合作伙伴。我国目前主要的专业众筹出版平台有"来出书""亿书客""赞赏"等平台。

1. 来出书

"来出书"图书自助出版平台（www.laichushu.com）是知识产权出版社基于互联网思维和现代信息技术打造的图书出版平台（见图 3-17），在国内尚属首家。该平台于 2014 年 3 月 1 日上线。

我国台湾地区著名知识产权专家周延鹏所著的《智慧财产全球行销获利圣经》在 2014 年 9 月 11 日下午启动众筹活动，这是"来出书"图书自助出版平台联合国内五大知识产权互联网平台共同发起的中国知识产权界首个众筹出版项目。

"来出书"平台分为"来出书""来买书""来社区""来印书""来文库""来＋盟""专题"等板块。"来出书"图书出版平台以学术著作出版为主要业务方向，以高等院校、科研院所教师和学生、科研人员为主要服务对象。除此之外，还出版有价值、能提升平台影响力的大众化图书。❶ 在"来出书"平台出版图书分为免费出版和较低费用出版。达不到免费出版标准的书稿需要采用较低费用出版，根据作者参与程度不同，分为自助式出版和一站式出版。

---

❶　www.laichushu.com.

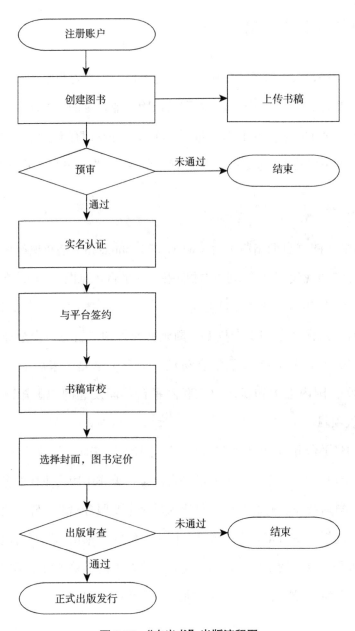

图 3-17　"来出书"出版流程图

2. 亿书客

"亿书客"众筹出版平台（esooke.com）2015 年成立于北京，2016 年 6 月正式上线。法定代表人杜孝明多年从事图书出版工作。"亿书客"是基于"互联网＋"出版的垂直行业网站，搭建服务于出版社、作者、读者的互动平台，为发起者提供众筹、出版、销售一条龙的综合出版服务。以强大的各类媒体宣传攻势，为出版社提供图书宣传推广服务，以众筹的方式为出版社提供图书预售服务，图书未上市就实现销售，亦可作为市场调研的数据参考，且回款快捷，实现资金快速回流。同时，作为互联网出版平台，为出版社汇集优秀的作者资源，也帮助每一位爱书人实现出书梦想！分为文学、生活、少儿、财经、科技、社科、学术、其他 8 个板块。亿书客不仅公布众筹成功的案例，同时也公布众筹失败的案例。

3. 赞赏

"赞赏"平台于 2015 年上线，有网站、公众号和 App。

"赞赏"的创始人是传统出版人王留全和资深媒体人陈序。2005—2014 年，王留全任职于财经图书策划机构"蓝狮子出版"，一路升为总编辑。陈序，1992 年起就从事新闻业，在美国《新闻周刊》（Newsweek）中文刊做过执行主编，随后任职中国移动手机报总编辑。2015 年 7 月，网站一上线就发布了 40 多个项目，签约的出版社超过 20 家，包括中信出版社、机械工业出版社、中国纺织出版社等。

"赞赏"平台出书的步骤：我要出书—你来赞赏—我们出版。通过社交平台团队发现或者个人自荐，在赞赏平台发布"我要出书"的信息，书稿信息分享到微信及其他社交媒体，朋友或者粉丝根据喜好与认同程度点"我来赞赏"来给予经济赞赏，累积达到最低出书成本额，而后经过出版社专业测评，进入"我帮出版"环节，2~3个月实现平均1000册的图书出版发行。

"赞赏"平台比较独特的一点是发起人可以筛选出铁杆"粉丝"，也就是赞赏人。通过平台的线上沙龙，建立社群，从而扩大影响力、获得更多资讯或创作火花、稳固读者群，因此通过赞赏平台众筹出版，可以获取远大于传统图书出版的单本收益。

"赞赏"是全球第一个将区块链技术应用于数字出版的服务商。它的方案是通过区块链技术来解决众筹确权的问题。区块链技术由于其分布式记账、不可更改的特性，可以追踪、记录复杂、高频的版权交易。赞赏开发的是一个部分开放的区块链系统，其中产权归属等信息是对所有人可见的，具体交易的价格等数据将是私有的。

独立的众筹出版平台缺点是受限于客单价低、获客成本高、复购率低、产品非标准化、用户量小。回报比较单一，大多集中在图书出版领域。可惜的是，赞赏在2018年悄然倒闭了。

3.2.3　综合众筹网站出版板块

1. 众筹网

众筹网（zhongchou.cn）于2013年上线，分为公益、区块链、农业、出版、娱乐、艺术、其他7个板块，其中众筹出版板块又分为人文社科、生活、经管励志、互联网、少儿教育、培训、音像杂志、科技、沙龙、会议 10 个板块。该平台的众筹出版具有失败率较低、筹资金额较高、回报方案多样化的特点。其中回报标的多样化的特色较为突出，不只限于图书，还包括图书周边，有些回报甚至与图书无关的。无私支持的选项，包括 1 元、5 元、10 元三个档次。

2016 年上线的"《永远 20》，我们的 NBA，我们的青春集结令"项目共获得 14 434 人次的支持，筹集资金 100 多万元。

众筹网专门为众筹出版提供完整的服务链，包括选题、策划、出版、营销推广等增值服务。提供媒体资源及宣传服务、专业化视频拍摄及后期制作、代为设计项目相关图片、代发项目回报，省去快递烦恼，可为出版机构发起人介绍优秀的个人发起项目、专业化视频拍摄及后期制作，合适的出版项目将有机会与影视跨界，如表 3-2、图 3-18 所示。

众筹出版包括图书、台历、音乐专辑，众筹网将音乐专辑的出版也放在出版板块上。

表 3-2　众筹网 2015—2018 年众筹出版项目情况表

年度	数量 / 个	筹资总额 / 万元	平均筹资金额 / 万元	平均目标完成率 /%	平均筹款天数 / 天
2015	234	1144.03	4.89	196.98	47
2016	208	1237.56	5.95	186.24	41
2017	137	606.24	4.43	151.80	42
2018	53	302.55	5.71	153.17	43
合计	632	3290.38	5.21	179.98	44

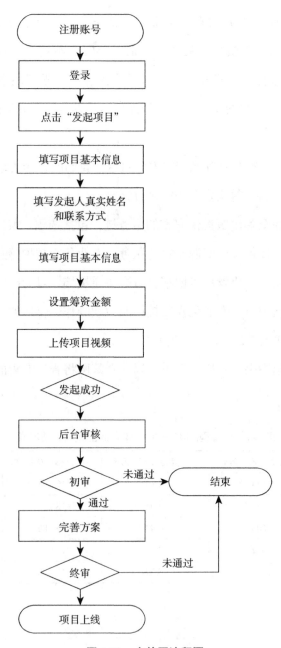

图 3-18 众筹网流程图

2. 点名时间

2011 年 7 月，何峰等四名创始人带来了互联网的新生事物——众筹，平台"点名时间"上线。从 2011 年 7 月"点名时间"上线，运作至 2014 年。"点名时间"是国内最早也一直是最大的众筹平台，但在 2014 年 4 月对外公布放弃众筹，但并未放弃运营。表 3-3 是"点名时间"网站可以看到的已经实施的众筹出版项目。2016 年 7 月，这家号称国内首家的众筹平台最终遗憾收场。在经纬中国的牵线下，"点名时间"被"91 金融"收购，未来该平台将被"91 金融"独立运营。"点名时间"在被收购后将保留目前的名称，成为"91 金融"旗下独立运营的板块。

表 3-3　"点名时间"众筹出版项目列表

序号	项目名称	年度	筹资金额 / 万元	完成率 /%
1	《滚蛋吧！肿瘤君》	2012 年	33.95	339
3	《北京文创人物说》	2016 年	2.41	120
1	《金融八卦女》	2016 年	50.00	5008
4	《跋涉者的足迹》	2017 年	0.52	103

3. 追梦网

追梦网（dreammore.com）是 2011 年上线的众筹平台，分为设计、科技、影像、音乐、人文、出版、活动、其他 8 个板块。

出版板块在 2012—2015 年共运作 68 个项目，成功完成众筹的项目有 36 个，未成功达到目标筹资金额的项目有 34 个。2015 年 12 个项目，成功项目

5 个，失败项目 7 个，最高支持率为 278%，最低支持率是 0。2014 年 22 个项目，成功项目 13 个，失败项目 9 个，最高支持率为 483%，最低支持率是 0。2013 年 27 个项目，成功项目 14 个，失败项目 13 个，最高支持率为 255%，最低支持率是 0。2012 年 7 个项目，成功项目 4 个，失败项目 3 个，最高支持率为 595%，最低支持率是 0。最新的项目截止日期是 2015 年 2 月 28 日，自此后，出版板块再无新项目上线。

目前，追梦网已停止网页运营，单独使用手机 App "追梦筹" 进行运营。

4. 摩点网

摩点网（zhongchou.modian.com）是 2014 年 6 月成立于北京的专注于文化创意的众筹平台。摩点对自己的定义是 "文化创意众筹社区"，其目标是借助互联网给每一位创造者提供建立个人品牌的机会。摩点网分为游戏、动漫、出版、桌游、影视、音乐、活动、设计、科技、食品、潮玩模型、爱心通道、动物救助、个人愿望、其他共 15 个板块，分类比较细致。出版板块自 2014 年起至 2018 年 12 月底共上线 48 个项目，其中 38 个项目众筹成功，7 个项目未达到筹资目标，1 个项目被摩点终止，2 个项目被发起者取消。2016 年的 "《大众软件》的'最终幻想'：让每位读者都拥有 1 本'大软'" 获得了 5.58 万人次的支持，筹集资金 77.1 万元，是所有项目里筹资金额最高的。该项目的发起人是已经发刊 21 年的《大众软件》，面临着出版行业的共同问题，由于信息滞后，纸质出版物已经无法满足读者的需求，因此 2016 年 12 月是纸质版的最后一期，2017 年，"大软" 实体刊将进入休刊期。这次众筹是为《大众软件》的忠实读者留一个纪念。

摩点网比较独特的一个创意是 2018 年推出的云养计划。云养计划的核心是用按月订阅的方式支持内容创作者的持续性创作。用户可以通过每月小额付费的方式订阅喜欢的作者，得到对应的定制内容，作者也能够获得长期稳定的收入，这就将一次性的众筹活动，做成了具有持续性的众筹活动，能够满足需要长期资金支持的创作者。如 2016 年创造摩点最高筹资纪录的《大众软件》编辑部，发起了云养计划，恢复了纸质杂志的出版，纸媒又焕发出新的生机。

中止的项目会披露终止的原因，但仅支持者可见。资金用途是必须披露的项目，且披露相对完整，有各项费用的比例饼图。

收费方面，摩点网对于个人愿望类项目，发起者申请提现时，摩点将收取实际筹款额的 3%（"服务费率"）作为平台服务费。服务费率由"支付费率"和"平台佣金费率"两部分组成，其中"支付费率"为 1%，此为微信支付、支付宝支付等第三方平台收取的服务费用；"平台佣金费率"为摩点平台自身收取的服务费用比率，目前统一为 2%。对于实际筹款额的 3% 不足 1 元的项目，按 1 元收取平台服务费。对于粉丝应援类项目，摩点当前实行零费率，即发起者提现时，摩点不收取平台服务费。

3.2.4　流量型互联网平台模式

作为综合性电子商务龙头企业的淘宝网和京东商城均开辟了众筹板块。

1. 京东众筹

京东众筹是京东金融下的一个板块，在 2104 年上线，是一个综合型众筹平台，既可以进行产品众筹，也可以进行股权众筹，但不允许在无实质项目内容的情况下发起纯粹募捐，或发起类似"资助奖学金""资助我去旅游"等为满足个人需求的众筹项目，如图 3-19 所示。

京东众筹共有科技、美食、家电、设计、娱乐、文化、公益、其他 8 个板块，并没有单独设置出版板块，众筹出版大多归于文化艺术板块，还有部分图书归入其他板块。

京东众筹对发起项目的要求为："有创新性质且具有可执行性的项目，且项目目标须是明确、具体、可衡量的"，除了公益相关项目外，不允许对已经完成生产的商品进行销售。

京东众筹允许发起永久众筹，但暂时只接受具有合法公司资质的法人申请，不接受个人申请。

众筹成功后京东将向发起人收取募集总金额的 10% 作为平台手续费。

2. 淘宝众筹

淘宝众筹在 2014 年上线，设置了影音、公益、书籍、娱乐、科技、设计、动漫、游戏、食品、其他 10 个板块。

淘宝众筹平台目前暂时不收取服务费，但保留收取相应服务费的权利。

图书众筹板块在 2013—2018 年共发起 96 个项目，均筹款成功。具体年度数据见表 3-4。

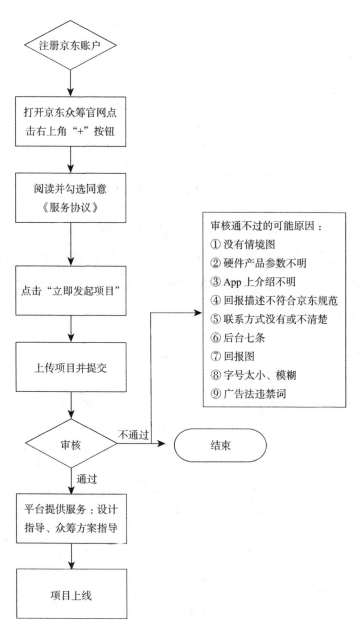

图 3-19　京东众筹流程图

表 3-4　淘宝书籍众筹基本情况表

年度[①]	项目数量 / 个	平均达成率 /%	平均已筹金额 / 元	平均支持人次
2013	2	207.50	197 805.77	3113
2014	4	301.25	29 688.23	416
2015	13	214.85	98 220.48	1921
2016	23	378.30	337 588.36	2937
2017	45	784.89	93 815.53	642
2018	9	372.22	224 451.68	1965

① 年度区分以项目结束日期确认，淘宝众筹未披露支持详细记录和发起日期。

从图 3-20 可以看出，淘宝众筹书籍板块项目数量从 2013 年开始迅猛增长，2017 年达到顶峰，2018 年由于整个互联网金融行业的颓势，众筹出版也呈断崖式下跌。淘宝众筹的个体情况在某种程度上也显示了整个众筹出版行业在 2018 年迎来了寒冬。

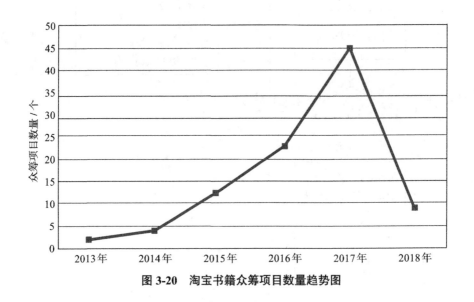

图 3-20　淘宝书籍众筹项目数量趋势图

3. 苏宁众筹

苏宁众筹（http://zc.suning.com/），2015 年上线，设置科技、设计、公益、文化、农业、其他 6 个板块。苏宁众筹并没有为出版单独设置板块，出版类的项目可以在文化、娱乐、其他三个板块发起。目前苏宁众筹的出版项目还比较少，只有娱乐板块的一个项目，是"奥黛丽·赫本诞辰 90 周年纪念画册"项目。2019 年是赫本 90 周年诞辰，丰饶之海文创社推出了《奥黛丽·赫本：你的名字叫优雅》珍藏纪念画册。该项目共获得 531 人次支持，筹集资金 5.27 万元，达成率为 105%。

苏宁众筹既可以以产品进行众筹，也可以以品牌进行众筹，其独特之处在于设置了精品返售的功能。

收费方面，苏宁众筹向回报众筹的项目发起方收取筹款总额的 3% 作为平台使用费。

第4章　众筹出版价值链及模式研究

4.1　众筹出版价值链分析

4.1.1　企业价值链的基本内涵

价值链的概念是迈克尔·波特在其《竞争优势》（1985）一书中提出的。波特认为，企业的每项生产经营活动都是其创造价值的经济活动，企业所有互不相同又相互关联的生产经营活动，便构成了创造价值的一个动态过程，即价值链。

现有研究价值链的文献对价值链的定义有广义和狭义之分。广义的价值链实质是产业的价值链，即整个出版行业的价值流转过程。本书所定义的价值链是狭义的价值链，是基于内部的企业价值链及涉及内部价值链的外部直接相关的上游企业或下游企业（或终端消费者）。

对于企业内部的价值链，波特在分析公司行为和竞争优势时，认为公司的价值创造过程是由基本活动和支持活动两部分完成的。基本活动是实现价值创造的直接活动，而支持活动是完成基本活动的必备条件。基本活动一般包括内部后勤、生产经营、外部后勤、市场销售、服务五种活动；支持活动一般包括采购、技术开发、人力资源管理和企业基础设施四种活动。

识别企业价值活动的目的是甄别出能够更多创造价值的活动，每项活动可以创造的价值不同，有大有小，通过对价值活动的改造可以提高企业创造价值的能力，也就是能够找到并形成企业的竞争优势的关键环节，在市场竞争中胜出。

波特的价值链理论是他在 1985 年提出的，当时的环境是工业经济占主流，其理论基础源自现实的制造业。随着信息技术的发展与成熟及互联网的普及，在大数据、智能化、移动互联网、云计算等新技术应用于企业的当今，企业价值链的价值活动产生了巨大的变化。普瑞特（Rayport）和斯维克拉（Sviokla）在 1995 年将信息引入价值链理论，提出了"虚拟价值链"理论，利用信息技术在企业和用户之间建立新的联系。

4.1.2　传统出版企业的价值链

传统出版是以出版机构为主体的，出版机构负责寻找作者或接收稿件，进行编辑加工，并负责委托批发商或零售商，最终使图书或其他类别出版物到达终端读者。出版业属于文化创意与制造相结合的产业，与传统制造业相比，对作者及其作品具有较强的依赖性，需要同时面对作者和读者。因此出版企业价值创造核心活动要集中在两端，这两端也集中了出版项目的最大风险。

1. 国内出版企业的基本流程

国内出版企业的基本流程见图4-1。

图4-1　图书企业经营活动流程图

（1）内部后勤活动。

波特把内部后勤定义为与产品投入有关的进货、仓储和分配等活动。对于出版企业而言，最重要的内部后勤活动就是选题活动（见图4-2）。新闻出版行业是我国市场化相对较晚的行业，至今仍承担维护意识形态和以营利为目的的市场化经营双重的责任。在这样特殊的状态下，选题策划关系到出版企业的生死存亡，也是能够形成竞争优势的基本活动。

图4-2　选题活动流程图

（2）生产经营。

价值链基本活动中的生产经营特指将投入转化为最终产品的活动（见图 4-3）。

图 4-3　出版企业生产经营活动流程

出版企业大多与印刷厂脱钩，在此环节将接入产业链中的印刷厂，印刷厂负责出胶片、制版、印刷和装订环节，自印刷厂印制完成后再予以收回。

（3）外部后勤。

外部后勤是指与产品的库存、分送给购买者有关的活动。出版企业的外部后勤包括仓储和发行两个主要的基本价值活动（见图 4-4）。

图 4-4　图书发行流程

图书等出版物发行与普通商品销售最大的区别是无条件退货，发行后面临着销售商如果卖不出这些出版物，就会发生大批量退货。因此，出版企业的库存管理不仅要掌握本企业的库存，还需要掌握客户的库存情况。

图书的传统发行渠道是以新华书店为主，杂志的传统发行渠道是邮局征订，随着电子商务的兴起与普及，电商在一级发行的比重越来越高。

（4）市场销售。

这里市场销售的内涵要比一般管理学中的市场销售的内涵相对较窄，特指促进和引导购买者购买企业产品的活动。出版物的宣传、市场推广活动可以采用线上和线下的方式。线上的宣传和推广可以购买门户网站的广告、微博微信的软推广和植入广告。线下的宣传和推广一般要依赖于批发商和零售商在其网点开展的活动。

（5）服务。

这里"服务"的定义是与保持和提高产品价值有关的活动。出版企业的服务主要包括图书等出版物的质量反馈和读者需求反馈。

2. 支持活动

价值链中的支持活动，又称"辅助活动"，是指用以支持基本活动而且内部之间又相互支持的活动，包括采购、技术开发、人力资源管理和企业基础设施。采购管理是企业开展经营活动所需资源的购买与管理活动。技术开发是可以改进企业产品和工序的一系列技术活动。人力资源管理是指企业职工的招聘、雇佣、培训、提拔和退休等各项管理活动。价值链中的基础设施不是我们通常所理解的厂房、设备这样的基础设施，而是指企业的组织结构、惯例、控制系统及文化等。

3. 传统出版价值链中的困境

价值链是诊断企业竞争优势的基本工具。从价值链角度对传统出版行业分析，可以看出存在如下困境。

（1）效率低。

传统出版从选题到编辑印刷到发到销售终端，需要3个月到1年的时间。

互联网的时代，快餐消费成为主流，读者的阅读习惯和行为都有了很大的变化，时效性、碎片化要求更高效率的出版活动。

（2）风险大。

传统出版模式是单向的，具有一定的封闭性。虽然选题前，一般会进行市场调研，确定有市场需求的选题，但市场调查数据具有较大的不确定性，从而使得出版风险较大，印刷数量与需求无法匹配。

（3）灵活性小。

传统出版中选题和具体项目一旦确定，内容基本已经确定，即使出版过程中存在对出版物的修改，这个互动基本上是存在于作者和编辑之间。世界经济一体化的今天，我国经济和文化发展都已达到了一定的高度，著作的"去权威化"和大众化使得读者参与出版内容的积极性空前提高，传统出版模式无法满足出版之前作者和读者之间的互动。

（4）资金支持不力。

资本的逐利性使得逐渐萎缩的传统出版市场上的出版企业获得的资金普遍不足，特别是中小出版企业和文化企业，资金严重不足，难以支撑出版项目多元化的经营活动。其产生的后果不仅是出版企业生存困难，还有出版物单一、零星需求无法满足的问题。

（5）库存压力大。

作为文化创意类的出版物，与标准化产品最大的区别就在于非标准化。除了再版图书，很难利用历史经验预测销售量，从而确定生产量。出版行业的一大突出特点是出版企业对批发商和零售商的无条件退货政策，因此一旦现实销售与预测存在偏差，就会造成出版物的滞销，从而产生巨大的库存压力。

4.1.3 众筹出版对传统出版企业价值链主要价值活动的影响

众筹出版的运行模式是图书的作者通过众筹网站或类似平台进行身份审核后，再建立项目页面，用来向公众或者潜在的出资人介绍项目情况，并向公众募集小额资金或寻求其他物质支持其出版项目的一种筹资形式，即众筹出版模式是将出版项目的筹资活动与出版活动进行了结合。因此，众筹出版对图书出版的价值链中的基本活动和支持活动都产生了不同的影响。

1. 出版价值链基本活动流程再造

出版企业的核心竞争力主要体现在无形资产将出版要素和出版运行机制有机融合在一起的组织管理能力。提高价值链各项基本活动的效率，即提高了出版企业的整体效率，即使保持相同的盈利能力，通过效率的提升，可以提高年周转次数，从而提高企业的利润水平，创造更多的价值（见图4-5）。

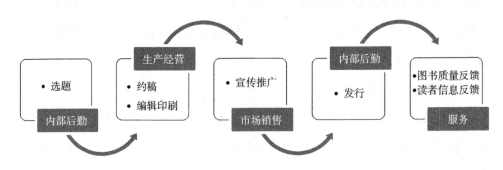

图4-5 传统出版企业价值链基本活动流程图

众筹出版将原本单向的价值链首尾相连，将内部后勤、生产经营中的约稿、市场销售中的宣传推广与服务融为一体，同时将融资活动引入价值创造活动。众筹出版通过输入端和输出端进行了信息的连接，减少了信息传递的时滞。价值活动的合并

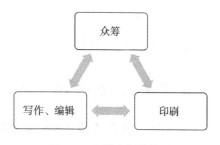

图 4-6　众筹出版价值链

与融合，使得具有号召力的出版项目可以大大缩短整个流程（见图 4-6）。例如，2006 年，在众筹网发布的项目——《古都之美：北京的巷陌民风》，仅用 1 天的时间就获得 1.6 万份的支持，筹集资金 48 万元，预计的回报发送时间为项目成功结束后 20 天。❶ 这是非行政性的项目在传统出版环境下很难达到的效率水平。

2. 选题策划方面

图书选题价值活动是创造价值的最基本单位，管理选题价值活动是图书选题风险管理的关键。传统出版企业的选题主要产生于销售人员的反馈信息、读者的反馈信息、编辑人员的经验，再由出版社组织编辑、销售人员、市场分析人员、品牌策划人员、专家等讨论确定，讨论的核心集中在市场的前景、技术条件和资金支持上。这种模式下可能带来包括选题依据信息的滞后、市场前景不确定和资金缺乏支持等问题。众筹出版在选题策划方面，促进了价值创造、降低了出版风险。刘明辉和李智慧（2012）将图书出版项目的风险分为导向风险、法律风险、市场风险和操作风险四类。而众筹出版一方面改善了过去出版企业与作者之间信息不对称、与读者信息不对称的状况，降低了市场前景的

---

❶　资料来源于"众筹网"。

不确定性，从而降低导向风险和市场风险；另一方面在选题之初即能获得一定的资金支持，大大降低了出版中无法收回成本的风险，降低了操作风险。

3. 满足全媒体发展的需求

信息技术和互联网全面覆盖的情境下，数字出版、图书的周边产品开发都在推动出版行业向全媒体的方向发展。当下的全媒体模式是将信息传播采用图、文、声、像等手段，对需要传播的内容进行整合呈现，再利用网络进行数据传播。传统的图书出版一般涉及的是图书的版权，全媒体模式下不仅包含一般的图书版权，还包括基础图书版权的再开发。图书的版权包括图书的专有出版权和附属版权。附属版权是依附于图书出版权产生的附属权力，如影视改编权、动画改编权、周边产品开发权。出版企业如果取得相关的出版权和附属版权或相应比例，也可以通过众筹出版的模式提前与需求对接。

4. 满足个性化需求

目前的出版市场是买方市场，出版物的种类繁多、体量很大，但需求随着网络免费资源的流转无障碍和阅读的电子化、碎片化而逐渐萎缩。在买方市场，需求决定供给，而传统出版的价值链模式核心为供给决定需求。在大众化需求可以很大程度上依靠电子数据和网络得到满足的情况下，对出版物的需求往往是个性化的。众筹出版模式通过与需求意愿的对接，可以非常精准地满足个性化的阅读需求。

通过以上对众筹模式价值链的分析，不难看出融入了众筹后的出版，价值创造点集中在众筹环节。

4.1.4　众筹出版关键的价值创造活动

众筹出版的具体运作主要分为三个步骤，如图 4-7 所示。

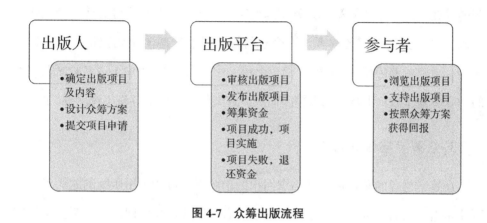

图 4-7　众筹出版流程

在运作过程，应当重点关注以下价值创造活动。

1. 平台的选择

不同的平台侧重点不同、众筹活动的参与者数量和偏好也不同，针对不同的选题选择合适的平台是一个众筹出版项目成功与否的关键。我国的众筹出版平台大致可分为两类，综合性平台和专业类平台。综合性平台有众筹网、京东众筹、淘宝众筹等，特点是综合性强、受众范围广、便于项目的推广。专业类的平台有文筹网、来出书等平台，特点就是专业化程度高，受众目标性强，无效浏览量小。特别是来出书平台，不仅能够实现筹资的目的，而且还提供了编辑、出版的一条龙服务，非常专业。

2. 出版项目的独特性

由于出版项目将选题、融资、销售融合于一体，这就要求采用众筹出版的项目具有独特性。这个独特性可能来源于作者的知名度，如美国作家哈伍德出版的《孔乙己》在众筹第一天就筹满所需资金，在于其在众筹之前已经是知名作家，具有大批忠实的读者。这个独特性也可能来源于主题独特，如《古都之美：北京的巷陌民风》(2017 最美台历，中华书局)，集中了著名画家黄有维的 200 多幅作品，由雅昌艺术精印而成。这类的作品也很容易实现众筹。

3. 众筹参与者的特点

众筹参与者的角色可能是不求回报的捐赠者，可能是出版物的购买者，也可能是出版物的投资者。不求回报的捐赠者不以获得相应回馈作为资金支持的条件，只为能够支持所喜爱出版物顺利出版。几乎每个众筹出版的项目，都可以看到无私支持者或仅获得感谢信作为回报的支持者的身影。出版物的购买者是众筹参与者中的主流，以获得出版物为目标，愿以发起人所划定的单份金额为代价。出版物的投资者，是看涨出版物的销量及盈利能力，期望从出版物的发行销售活动中获益的参与者。但目前限于股权筹资制度的限制，在我国仍未出现该类型的众筹出版项目。不同特点的众筹参与者数量和诉求均不同，特定诉求的参与者数量达到一定程度，才能保障众筹出版项目的顺利实施。

4. 适宜的众筹方案

方案的设计应当基于众筹出版的目标，这是在最初应当确定的。方案中应当包括目标筹资额、资金支持的方案（分类定价）、回报的形式（与定价直接相关）等。众筹出版有筹资、宣传等不同的目标，不同的目标下应当设计不同的众筹方案。以筹资为目的的众筹出版项目，不考虑众筹之外的销售问题，筹资额需要涵盖出版费用。以宣传为目的的众筹出版项目，众筹除了筹集启动资金外，主要是为了吸引目标受众的注意，在图书未出版时期即可以用较低的费用进行宣传推广，重心在于后期的传统发行渠道的销售，资金支持方案可以将单项金额降低，以吸引更多的受众参与活动。

4.2　众筹出版核心要素

传统的价值链模式核心为供给决定需求，在竞争激励的市场上，厂商的供给是建立在对需求的调查和市场销售数据的反馈上，其特征为样本特征推断总体特征和根据惯性测定供给品质和数量。

出版企业想要通过众筹出版的方式定位需求、扩大规模，一切与业务相关的事物——品牌、团队、机会、宣传与出版社及作者都应当彰显优秀的品质、充足的准备工作和势在必行的自信。

众筹出版打破了出版物消费者产品市场的陈规，从众筹中获取非常有价值的数据，对数据的合理利用有利于促进销量的增长和企业发展。

众筹彻底改变了资本筹措和运作的方式。众筹不仅改变了现金流，还改变了产品和服务面世的方式，让人们有能力找到政府、企业和其他大型机构所不能提供的资金解决方案。

发起人可以很容易地从公众那里得到信息反馈，避免犯下代价太大的错误。出版物可以通过预售，检验市场的反应及是否可以取得进一步的成功。进行预订的读者可以通过参与众筹活动告知出版商或者作者如何通过众筹考察产品、如何营销众筹产品、如何策划预订活动，如何保证产品的追捧势头及如何在活动后保证持续的发展（是否出版续集、类似出版物等）。

众筹项目基本要素主要包括发起人、项目名称、项目详情、目标金额、支持方案、回报等。每个平台都包含这些内容，各自的平台页面设计和内容设置略有差异。"亿书客"的基本要素包括项目名称、项目介绍、图书海报、媒体评论、书籍特色、目标金额、支持方案（册数、支持金额、单方案或多方案）、承诺与回报。众筹网的基本要素包括项目详情（发起人介绍、书籍内容、文章选登）、项目更新（项目的发展动态）、可能存在的风险、评论、支持记录。淘宝众筹的单个项目页面包括项目主页、项目动态、资金筹集情况三部分内容，无历史支持明细。京东众筹包括项目名称、项目主页、项目名进展、话题、目标金额、当前进度、支持方案等。

鉴于各个平台关于众筹的基本要素大致相当，本节对核心要素进行分析时，以众筹网的众筹出版项目为主来进行分析。

4.2.1　出版物内容

众筹出版最核心的要素是内容，出版物是否能够迎合众筹参与者的需求，是众筹出版是否能够成功、取得多大程度的成功的最基本的要素（见表4-1至表4-4）。

表 4-1　淘宝书籍众筹已筹金额最低的 10 个项目

序号	项目名称	年度	达成率/%	已筹金额/元	支持人次
1	《战略中心型组织》平衡计分卡创始人的突破性力作	2017	264.00	2640.00	80
2	断版书众筹世界读书日必读经典书目《父子大学》	2017	423.00	4230.00	194
3	《黑格尔的智慧》黑格尔客观唯心主义哲学解读	2017	442.00	4422.00	134
4	断版书众筹上海图书馆馆藏手稿《文化名人藏书票作品》	2017	472.00	4725.00	27
5	断版书众筹还原 80 后珍藏版小学语文课本《而立萌童》	2017	656.00	6560.00	25
6	收集平凡人的梦想画成绘本	2014	530.00	7952.00	179
7	用生命去热爱用真情去书写《糖衣药丸》寓言众筹出版	2016	103.00	9166.00	153
8	制作中网球名将张帅画册，全网首发	2017	109.00	10 946.00	54
9	2018 年读者《日知录·菩提福海》众筹	2017	111.00	11 102.00	154
10	《柏拉图的智慧》柏拉图精神哲学解读	2017	1141.00	11 418.00	346

表 4-2　淘宝书籍众筹达成率最低的 10 个项目

序号	项目名称	年度	达成率/%	已筹金额/元	支持人次
1	互联网+	2015	100.00	100 720.00	370
2	新零售电商创业陷阱，28 条电商创业军规	2018	100.00	50 244.50	1243
3	《未来机械世界》AR 科幻图书	2018	101.00	81 266.00	224
4	酒徒新作——男儿行	2013	101.00	80 913.00	624
5	国学启蒙幽默西游漫画大师蔡志忠独家周边	2017	101.00	50 744.00	117
6	《中国文学鉴赏辞典》礼盒装纪念版，共同打造计划	2016	102.00	82 050.00	239

序号	项目名称	年度	达成率/%	已筹金额/元	支持人次
7	《卓尔文库·大家文丛》系列图书众筹出版	2016	103.00	51 708.00	39
8	林清玄45周年纪念《素心之书》品鉴众筹	2017	103.00	51 541.00	179
9	用生命去热爱用真情去书写《糖衣药丸》寓言众筹出版	2016	103.00	9166.00	153
10	《靠我电商解惑》	2015	104.00	10 4840.10	9392

表4-3　众筹网2013—2018年筹集金额排名前十的项目情况

序号	项目名称	年度	达成率/%	已筹金额/元	支持人次
1	余友会招募：享余世维直播课程，获其设计T恤会徽珍藏	2016	535.00	5 359 924.10	7061
2	2018读书计划：48本好书，陪你成长	2018	1374.00	1 374 223.00	9411
3	有故事的720°儿童VR眼镜	2017	677.00	677 463.20	2108
4	AR亲子互动游戏《魔法大冒险》	2017	480.00	480 064.00	886
5	情商系列绘本动物总动员：改变孩子成长轨迹	2017	732.00	366 466.00	611
6	内养补肾壮阳，外壮筋骨肌肉，一本内外兼修的武功秘籍	2016	1763.00	352 663.00	23137
7	做个梦想实现家	2013	314.00	314 698.53	5602
8	蚊子会电商孵化器 众筹一个电商人的家	2016	311.00	311 200.80	2380
9	让图片会说话，品牌销量飞起来	2017	302.00	302 868.00	2189
10	让钻展更简易，从入门到精通，钻展实战教案	2017	298.00	298 695.00	2941

表 4-4　众筹网 2013—2018 年达成率排名前十的项目情况

序号	项目名称	年度	达成率/%	已筹金额/元	支持人次
1	断版书众筹集十年之功所校，极具收藏价值	2017	8099.00	80 990.00	790
2	断版书众筹《世界童话名著》80 后童年回忆	2017	4772.00	47 728.00	216
3	断版书众筹《冷知识百科全书》请用您渊博的学识砸晕我	2017	3838.00	38 385.00	525
4	断版书众筹《畅读中国神话故事》传承中国传统文化	2017	2184.00	21 840.00	105
5	《内养补肾壮阳，外壮筋骨肌肉》一本内外兼修的武功秘籍	2016	1763.00	352 663.00	23137
6	《数学万花筒》五光十色的数学趣题和逸事	2017	1389.00	13 893.00	421
7	2018 读书计划：48 本好书，陪你成长	2018	1374.00	1 374 223.00	9411
8	断版书众筹《一千零一夜》没有一页不思念	2017	1338.00	13 388.00	200
9	绘无脸人述有情梦，呼葱觅蒜新书众筹	2017	1147.00	114 704.00	1166
10	《柏拉图的智慧》柏拉图精神哲学解读	2017	1141.00	11 418.00	346

我们将众筹网 2015—2018 年的 632 个项目按照内容进行了基本分类，分为传记与回忆录 ❶、传统文化、翻译作品、访谈记录 ❷、绘本、教育、经管、旅行 ❸、散文集、诗集、小说、心理相关、衣食住行、杂文、专业书籍、杂志、音

---

❶　包含名人传记、名人自传或回忆录、普通人回忆录。

❷　包括采访记录、各类访谈节目的故事汇集、其他机缘汇制人物故事集。

❸　包括游记、旅游资源、摄影作品。

像制品❶、其他印刷品❷18个种类。从种类角度讲，范围比较广泛，其中经管类的图书最多，占18.2%，诗集也很多，占9.65%（见图4-8）。

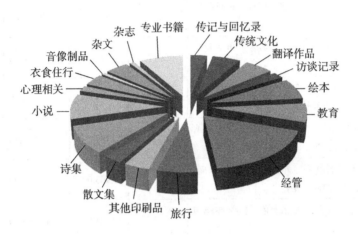

图4-8　众筹网出版项目按内容分布情况

从表4-5可以看出，所有项目平均筹集资金所需要的天数是45天，所需时间最短的是台历、日历、手账这些其他印刷品项目，平均33天，平均耗时最长的是小说类项目，需要60天。所有项目设置目标资金平均值为3.75万元，包括CD、电台节目的音像制品类项目平均目标资金定得最高，为20.62万元；杂志类项目设置的目标资金平均最少，为2.27万元。所有项目设置已筹资金平均值为5.21万元，已筹资金平均最高的也是音像制品类的项目，为20.97万元；杂志类项目的平均已筹资金为2.89万元，是最少的。从平均目标完成率的角度

---

❶ 包括光盘、CD、电台节目、广播剧等。

❷ 包括台历、日历、手账、明信片等非图书杂志类的印刷品。

看，整体的目标完成率是 139%，最高的是杂文类的项目，达到了 241%，最低的是音像制品类的项目，只有 102%。从支持人次来看，全部项目平均水平在507 人次，获得支持最多的是诗集类项目，平均 1282 人次，获得支持最少的是心理相关的图书众筹项目，只有 126 人次。

表 4-5　众筹网 2015—2018 年项目类别基本情况表

图书类别	平均众筹天数	平均目标资金 / 万元	平均已筹资金 / 万元	平均目标完成率 /%	平均支持人次	数量 / 个
传记与回忆录	41	2.84	2.98	105	187	20
传统文化	45	4.77	6.89	144	271	34
翻译作品	40	3.98	6.29	158	502	35
访谈记录	41	7.06	7.89	112	683	14
教育	42	5.34	8.36	156	469	41
经管	48	3.29	4.33	132	272	115
旅行	50	4.89	6.81	139	597	39
其他印刷品	33	3.71	4.79	129	848	25
散文集	49	3.23	6.96	216	861	18
诗集	47	3.12	3.45	111	1282	61
绘本	39	2.97	4.26	144	271	46
小说	60	2.61	3.10	119	387	55
心理相关	49	4.15	3.87	93	126	12
衣食住行	38	3.99	4.91	123	399	25
音像制品	40	20.62	20.97	102	487	5
杂文	34	3.25	7.84	241	758	28
杂志	38	2.27	2.89	127	436	6
专业书籍	41	2.75	4.26	155	375	53
合计	45	3.75	5.21	139	507	632

4.2.2　发起人特征

众筹出版项目的发起人也就是出版筹资者通过众筹平台将作品展示在众筹平台上，通过投资者来获得资金，解决出版资金困扰问题。在众筹出版的运行中众筹发起人有可能是如下中的某一类。

① 需要解决资金难题的创意者或者作者。

② 对图书产品销售有困难的出版者。

③ 中小出版社或者民营出版社。

④ 众筹出版爱好者。

⑤ 多渠道销售者。

本书把发起人分为出版机构（负责图书出版的出版社或书店）、传媒机构（报社、电台、电视台等媒体机构）、非作者的个人、公益组织、教育机构、内容方（作品内容涉及的单位或个人）、社会组织（论坛等组织）、文化企业（除出版机构和传媒机构外其他文化企业）、译者（将外国作品翻译成中文的单位或个人）、众筹网、专业企业、作者12个类别。

表 4-6　众筹网 2015—2018 年项目发起人基本情况表

发起人类别	数量 /个	平均 目标资金 /万元	平均 已筹资金 /万元	平均 完成率 /%	最高 完成率 /%	最高 完成率 /%	支持人次
出版机构	105	2.98	4.78	160	1173	100	314
传媒机构	15	13.59	14.35	106	763	0	1772
非作者的个人	5	2.04	1.14	56	134	0	108

发起人类别	数量 /个	平均 目标资金 /万元	平均 已筹资金 /万元	平均 完成率 /%	最高 完成率 /%	最高 完成率 /%	支持人次
公益组织	5	4.60	7.35	160	236	101	1118
教育机构	11	6.96	9.29	134	483	100	331
内容方	3	8.33	9.14	110	121	101	486
社会组织	8	6.64	10.48	158	234	101	323
文化企业	153	3.65	5.53	152	3515	100	902
译者	7	3.79	4.32	114	198	101	216
众筹网	5	0.44	1.12	254	268	101	94
专业企业	22	3.80	4.66	122	498	101	263
作者	293	3.39	4.55	134	5358	100	345
合计	632	3.75	5.21	139	5358	0	507

从表 4-6 可知，众筹网中作者或者主编作为发起人的项目最多，占全部 632 个项目中的 46.36%，几乎占据半壁江山，这也比较符合众筹的特性，给予个人较大的机会获得个人创意类项目的初始投资。传媒机构发起的项目平均目标资金定得最高，为 13.59 万元；众筹网发起的项目目标筹资金额平均最少，只有 0.44 万元。已筹资金平均最高的也是传媒机构发起的项目，为 14.35 万元，其次是社会组织发起的项目，平均已筹 10.48 万元；众筹网发起的项目平均已筹资金最低，为 1.12 万元，仅强于众筹网的是非作者的个人发起的项目，平均筹集 1.14 万元。从平均目标完成率的角度看，最高的是众筹网发起的项目，达到了 254%，最低的是非作者的个人发起的项目，只有 56%。从支持人次来看，获得支持最多的是传媒机构发起的项目，平均 1772

人次，其次是公益组织发起的项目，平均 1118 人次；获得支持最少的是众筹网发起的项目，只有 94 人次。

以内容方为发起人的，是以内容方为主题开展的写作内容。例如，2018 年在众筹网发布的"我在 24 小时书店遇见的人与事——《人在书店》"项目，是以广州第一间不打烊的书店——1200 bookshop 的访谈故事集合而成的图书。该项目通过一个月的众筹，获得了 1000 多人的支持，实现 121% 的目标完成率。

作为发起人的相关方，是作品主题相关的单位或个人，一般属于利益相关人，我们将这部分项目也归类在内容方。如 2018 年 4 月众筹网发布的"《民族茶艺学》"项目，主编是大学教师，图书的发起人是当地的一家茶叶公司。该书籍的发行与推广有利于茶叶公司的产品销售。也有作者的书迷作为发起人，如 2017 年"这一世，是我们每一个人，必须所走之路！到底该如何去走？"的发起人将作者视为人生导师。

4.2.3 档位设计

众筹平台支持发起人设置多个档位筹集资金，每个档位设置不同金额和不同的回报方案。我们对众筹网 2015—2018 年项目进行了统计，发现 632 个项目共有 1~19 个不同的 16 个档位。

从表 4-7 可以看到，选择最多的档位是 5 档和 6 档，共计 263 个项目，占全部项目的 41.61%。在全部的 632 个项目中，有 223 个项目设置了抽奖环节，占比 35.28%。

表 4-7　众筹网 2015—2018 年项目档位设计基本情况表

档位数	数量/个	已筹资金/万元	目标完成率/%	支持人次	最低档/元	最高档/元
1	48	3.96	179	1757	52	52
2	25	5.90	483	897	75	728
3	45	3.91	148	270	105	1219
4	89	6.32	294	574	37	3102
5	139	5.41	140	304	52	7268
6	124	4.64	147	346	30	12 226
7	81	4.22	127	391	18	35 862
8	44	5.16	124	315	28	28 871
9	16	7.82	181	471	23	154 923
10	6	5.32	142	358	19	88 466
11	7	16.08	157	605	15	151 989
12	3	6.80	286	804	33	19 999
13	1	7.00	106	401	1	99 800
14	2	8.59	287	1127	7	6944
15	1	1.63	326	169	2	270 000
19	1	1.61	101	164	5	2430
合计	632	5.21	139	506	42	18 311

4.2.4　回报设计

众筹出版中的回报方式分为有偿回报和无偿回报两个大类。

无偿回报是提供给不求回报的支持者对众筹项目发起人的支持方式。众筹网 2015—2018 年的 632 个项目均有无偿回报支持的选项，共有 605 个项目获得用户的无回报支持，只有 27 个项目未获得无回报支持。2015 年的"时代很伟大，我们去拥抱！《连接》：深度解析大数据、移动互联时代商业智慧密码"项目获得最多的无偿支持人次，共计 4495 人次。

有偿回报可以分为实物类、非实物类、公益活动三大类。实物类的回报一般包括书籍（或签名书籍）、书签等图书及其附加品。

除表 4-8 中所列常见物品外，还包含种类繁多的杂物，如月历、手账周边物品、画片、画框、魔术老虎卡娃、膏药、艾条、扇面、玉镯、丝巾、香水、镇纸、印章、桌旗、手帕、环保袋、健步杖、葡萄酒、八音盒，等等。

表 4-8　众筹网 2015—2018 年项目实物类回报基本情况表

项目	次数	占比 /%
签名图书	152	24.05
书签	64	10.13
文具	51	8.07
箱包（含布袋）	35	5.54
明信片	67	10.60
书画作品	35	5.54
代金券（含储值卡）	26	4.11
其他图书	54	8.54
电子书	3	0.47
衣物	13	2.06
茶 & 相关	19	3.01
食品	21	3.32

非实物回报以关联课程、活动准入资格、组织成员资格、商业推广、旅行（包括免费导游、免费住宿）、服务等为主。

除表 4-9 中所列主要的非实物回报外，还有些特殊活动作为回报。如 2018 年的"他把诗歌藏在一枚种子里，待它开满你孤独的花园——答案之书《在岛上》"项目，回报之一是种子旅行计划，选择 12 座城市和每个城市的一个书店，开展赠书和笔友交流活动。如 2017 年著名学者黄征宇的《征途美国》众筹项目的回报中，不仅有与作者黄征宇合影的回报项目，还有可以担任黄征宇的助手一天的回报项目，支持者可以参与其一天工作行程。其他特殊活动还包括捐赠活动、支教活动、文章发表等。由于众筹出版的部分作者或者发起人是专业人士，所以为支持者提供的回报里就包括其专业服务，如答疑服务、催眠体验、帆船体验等。

表 4-9 众筹网 2015—2018 年项目非实物回报基本情况表

项目	次数	占比 /%
活动准入资格	85	13.45
关联课程	82	12.97
旅行免费住宿	63	9.97
组织成员资格①	57	9.02
服务	55	8.70
商业推广（植入广告）	26	4.11

① 包括微信群入群资格、读书会资格、实验室会员资格等。

部分回报将支持者引入众筹出版产品或其周边产品中去，如将支持者的名字引入书籍，或者为支持者提供其容貌的泥塑和画像等。

4.2.5 基于核心要素对众筹出版价值链各端点的建议

1. 对作者的建议

作者是出版物内容的生产者，最终决定众筹出版能否成功及成功程度。从对众筹网 2015—2018 年众筹出版项目出版内容的分析，众筹出版既适合具有明星效应的流量型书籍或者畅销书籍，也适合冷门的小众书籍。只要能够按照国家和行业的要求完成内容审核和出版流程，无论出版物是何主题、是否已经完成作品，均可以通过众筹平台进行出版试水。淘宝众筹平台目前并不收取手续费，而其他的平台最多收取 5% 的手续费，不需单独支付营销宣传的费用，作者可以以非常低的成本推销自己的作品。

2. 对发起人的建议

我国众筹出版的发起人包括作者本人、译者、出版社等。站在发起人角度，需要考虑的是选择合适的平台、精致的文案设计及适当的回报方案设计。对于以募集出版印刷资金的发起人而言，应当更多地关注如何通过文案使得支持人能够产生共鸣，从而愿意以资金提供支持。而对于以宣传营销为目的的发起人而言，更重要的是应当关注回报方案的设计，包括以公益回报支持人的善心、独特的回报产品都能够吸引足够的支持。

3. 对众筹平台的建议

目前我国国内除背靠大流量平台的众筹平台外，大多数众筹平台均举步维艰。如何吸引足够的流量、降低获客成本、建立清晰的盈利模式对于众筹平台来说是生存的基石。在此基础上，严格审核项目、建立项目融资结束后的信息披露制度、多元化地利用移动互联网下的互动平台是众筹平台发展的保障。目前大部分的众筹网站仍基于传统的互联网，向移动互联的贯通并未获得良好的发展。而随着手机替代电脑成为人们主要的信息来源及交流工具，未来只有占据移动互联的空间才能获得更好的发展。众筹平台移动互联化的途径有三个，App 程序、微信公众号、微信小程序，有效地利用这三个渠道，能够更好地获取流量，传播项目信息，从而使众筹出版整个价值链的各环节均能获得良好发展。

第 5 章　众筹出版模式

5.1　纸质出版物众筹模式

众筹出版项目的倡议者为了完成出版项目的筹资，需要进行如图 5-1 所示的操作。

图 5-1　众筹出版项目筹资者需要完成的事项

一个出版项目的确定需要经过非常详细的分析。例如，众筹模式市场调研的强化、宣传推广、产品预测等，没有进行过详细审核的出版项目容易夭折。通过对出版项目进行文字、图片、视频等形式的包装来进行全方位的展示可以为出版项目吸引不少关注。设置平衡的回报方式对一个众筹出版项目来说很重要，支持者只有觉得条件合理才会支持这个项目。通过考量众筹平台的正规程度与浏览量，选择一个好的众筹平台进行众筹出版项目的发布。众筹出版项目结束之后如果项目成功，则会给支持者相应的回报；如果项目失败则要配合众筹平台将资金退还给支持者。作为众筹出版项目的支持者，参与众筹出版项目需要完成如图 5-2 所示的事项。

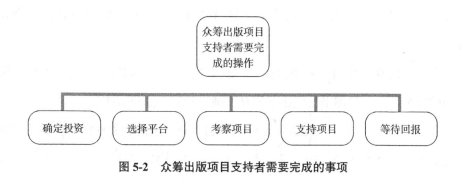

图 5-2　众筹出版项目支持者需要完成的事项

众筹出版项目的回报虽然不是以资金作为直接的回报方式，但它也是一项投资，因此在确定支持之前需要对资金情况与感兴趣的项目进行分析确定，避免盲目地选择参与。支持者需要对平台的回报率及信用度进行考察，确保项目顺利完成，实现回报。支持者同样需要对出版项目标的、项目评级、支持等级、项目持续时间、回报方式等进行重点考察。

作为连接项目发起人与投资者的众筹平台担任的是一个中介机构的角色，众筹平台既担任着搭建者角色又是出版项目发起人的审核方、督查者与辅导者，同时也是投资者的资金维护方。

根据其出版流程各要素的不同，我们把众筹出版分为四种模式：预售型众筹出版、公益型众筹出版、股权型众筹出版和产品推广型众筹出版。

5.1.1　预售型众筹出版

预售型众筹，是支持者预先把资金支付给融资者，来获得优先得到产品的权利及融资者的其他馈赠。根据预售型众筹的定义，我们可以把预售型众筹出版定义为：支持者预先把资金支付给融资者，来获得优先得到出版物和其他馈赠。

在目前的众筹出版项目中预售型模式是主流，项目的发起人要么筹集出版印刷的资金，要么是图书已经出版成功，通过众筹渠道进行销售。

我们对众筹网 2015—2018 年发布的项目进行了整理，发现在项目详情中部分发起人说明了筹集资金的用途，部分发起人未说明资金用途。对于未说明资金用途的我们默认为已经完成制作出版，众筹的目的仅为预售。我们将资金用途分为"自制作环节起的费用""自出版环节起的费用""自发行环节起的费用""制作出版物外的回报的费用""纯预售""其他"六个类别。2015—2018 年分布情况如表 5-1 所示。

表 5-1　预售型众筹出版分布情况

单位：次

类别	2015 年	2016 年	2017 年	2018 年
纯预售	96	144	121	38
自制作环节起的费用	23	11	1	1
自出版环节起的费用	60	27	6	7
自印刷环节起的费用	6	0	0	0
继续创作	5	1	0	0
宣传或包销图书	3	7	0	0
组织活动	12	1	0	0
合　计	205	191	128	46

5.1.2　公益型众筹出版

众筹网 2015—2018 年发布了 57 个带有公益性质的项目，我们把其归入公益型众筹出版，其意义在于不是为了营利，而是将全部或者部分收益用于公益活动。公益活动的种类有很多，有捐赠给公益组织的，有捐赠给重疾患者用于治疗费用的，有支援边远山村学校建设房舍的，还有资助留守儿童的，等等（见图 5-3、表 5-2）。

2015 年 3 月众筹网发布了"痛到极处，爱是拯救——80 后美丽女孩、'河北张海迪'高建芳《不忍告诉你，痛有多美》"项目。发布人，也是作者，是一位 14 岁就因脊髓炎高位截瘫的美丽女孩，凭借坚强意志在家自学至高中的所有课程，并自学大学中文，成长为一个作家，是张家口作家协会的一名成员。她将自己的经历写入作品《不忍告诉你，痛有多美》，想通过她和罹患胃癌的妹妹在生死线的拼搏、痛苦与欢歌，让读者珍惜生命和健康，激励困苦的人们积极面对人生。在众筹项目发布时，该图书已经与出版社签订合约，处于编辑状态。更值得称赞的是，她众筹的目的不是为了卖书获得收益，而是为了自己的公益目标和妹妹的治疗费用。公益目标有两个，一个是支持她去做公益演讲活动，另一个是支持她继续建好农家女书社。农家女书社是北京农家女文化发展中心组织开展的活动项目，于 2007 年 6 月启动，旨在通过了解农村妇女的处境，以及对新农村建设的期望和需求，为当地农村妇女创建学习、交流与文化活动的平台。❶高建芳在《中国妇女报》副主编、《农家女百事通》创始人谢丽华女士的帮助下，成立了张北县西良村的农家女书社，是全国 6 个试点书社之一，是专门为农村妇女和留守儿提供阅读、展示自我的一个空间。

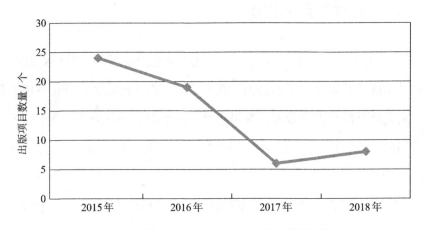

图 5-3　众筹网 2015—2018 年公益型众筹出版项目

资料来源：众筹网（zhongchou.cn）。

---

❶ 引自"百度词条"。

表 5-2 众筹网 2015—2018 年公益出版筹资金额排名前十位的项目列表

序号	项目名称	天数/天	筹款用途	目标资金/万元	已筹资金/万元	目标完成率/%	支持人次
1	畅销书作家钱志龙又出新作，还是两本，还是公益出版	71	公益（奖学金）	40	50.53	127	2457
2	乡村故事之夜，温暖留守童年	53	公益	20	46.69	234	1576
3	《南方周末》孩子，愿你的前路不再孤独	42	出版＋公益	40	45.49	114	4845
4	教育者钱志龙公益出版：读博士演讲稿，听校长讲故事	33	公益	30	35.54	119	1828
5	山那边的西藏——为西藏边坝县大骨节病儿童筹集大米	29	公益（为西藏购买大米防治大骨节病）	20	29.36	147	4792
6	《清华幸福课》——中国人第一本幸福实践手册	65	推广"幸福公益"课程	5	24.14	483	194
7	Amy 老师教你鱼与熊掌兼得的管理心法、"八爪鱼"的能量应用之道	88	公益	2.22	22.21	101	191
8	走向幸福家庭——中国第一个以支持家庭幸福为主题的众筹项目	19	出版费用＋公益	20	20.22	102	82
9	《乌蒙山里的桃花源》：来自石门坎大山深处的童真	40	出版费用＋公益	10	17.50	176	2671
10	做值得尊敬的父母，给孩子充满爱且有力量的陪伴	30	出版＋公益	1	11.82	182	335

该目标的筹资金额为 1 万元，获得了 123 人次的支持，筹集资金 1.2 万元，完成率达到 122%。虽然筹集的资金并不多，其收益部分不一定能够完成她的公

益目标，但这是一种将出版活动与公益活动相结合的很好的方式，只是受限于众筹模式和众筹平台的普及率低。

5.1.3　股权型众筹出版

股权众筹，是指融资方以出让一定比例股份的形式，面向多数投资者进行融资，而投资者通过出资入股公司，最终以股权变现或者分红的方式获得未来收益。2011 年 11 月，中国出现了第一家股权众筹平台——天使汇，随后原始会、众投邦、爱就投、大伙投、牛投网、蚂蚁天使、筹道股权、投壶网、迷你投、云投汇、36 氪股权融资、蚂蚁达客、360 淘金、百度百众、米筹金服、京东众筹、京东东家、大家投等一批股权众筹平台纷纷上线，成为帮助创新创业企业众筹融资的中介服务平台。这些股权众筹平台是为解决大量新创企业的股权融资问题。

股权众筹出版是指出版项目发起人通过网络众筹平台宣传、介绍自己的出版项目，合格投资者通过网络众筹平台查询自己感兴趣的项目进行投资。以出版项目为单位，将众筹出版项目资金分为若干份供投资者认购，若出版项目有盈利则按出版项目股份数分派股息红利，若没有盈利则不分派相关利益。出版物项目特点一般是融资额比较低，从对众筹网 2015—2018 年的众筹出版项目统计发现，目标资金最低的是 500 元。因此主流股权众筹网站很少能够看到出版类项目。但众筹网中部分项目的回报条件的设置，是股权众筹出版的有益尝试。

1. "众筹一辆咖啡车——带你一起完成移动咖啡梦"

2015 年众筹网发布的"众筹一辆咖啡车——带你一起完成移动咖啡梦",也是对股权型众筹的初步探索。项目的发起人李强,之前写过一本关于咖啡馆投资管理的畅销书《就想开家咖啡馆》。2012 年参与创建中国第一个众筹咖啡馆"北京很多人的咖啡馆"。

李强发起该项目是因为其第二本书《就想开家咖啡馆 2》(没人敢说的咖啡馆秘密),是咖啡馆投资管理类书籍,以风靡全国的漫咖啡为引子,揭示了在中国如何成功开设一家咖啡馆的奥秘。

这个项目最大的亮点在于同时"众筹一辆咖啡车"。该项目设置了五档支持方案(见表 5-3)。

表 5-3 《就想开家咖啡馆 2》众筹回报设置情况

档位	金额/元	回报 1	回报 2	支持人次
1	50	签名图书 1 册	价值 15 元爱伲精品挂耳咖啡 2 包	125
2	150	签名图书 1 册	当年采摘、新鲜咖啡豆价值 160 元精装礼盒一份 [4 小罐(四种不同地域风味,冠军咖啡师亲手烘焙)]	26
3	500	签名图书 3 册	认领一棵在云南普洱种植以自己名字命名的咖啡树 + 当年可获得从此树上烘焙而成的咖啡豆 500g	9
4	2000	签名图书 3 册	价值 2000 元咖啡拉花技能培训课程	2

档位	金额 /元	回报1	回报2	支持人次
5	3000	签名图书4册	按比例享有众筹咖啡车"咖啡车1号"盈利分红，现在一起做出第一辆咖啡车，以后你就可能拥有100辆咖啡车的股权。 ①认购1份可享有咖啡车一周使用权，享受咖啡车盈利分红； ②认购3份以上可以获得咖啡车详细设计图纸，价值5万元； ③认购6份以上可以享有"咖啡一号"品牌使用权，在咖啡车上投放广告或者自建咖啡车	23

该项目在最高档设置的回报，认购1份3000元的支持，不仅可以获得4册《就想开家咖啡馆2》，还可以获得咖啡车的盈利分红。虽然筹资方案中未提及一份最高档认购回报的分红权所占比是多少、一辆咖啡车是否单独会计核算问题、如何监管盈利计算准确性问题等，但该方案获得了23人的支持，也能说明这种方式还是能够得到市场的认可。该项目最终获得了200人次的支持，筹集资金10.28万元，目标完成率达到206%。

2. 成为作品推荐人——《亲爱的小鲜肉》

众筹网2018年与长江出版社发起的"《亲爱的小鲜肉》现代纸书众筹"项目中，有一个支持选项是成为在线互动作品体验网站橙光的其他作品的推荐人。该支持选项设置的金额为10 000元，支持者支持后可以将自己喜欢的作品改编成小说，并担任这部作品的推荐人。虽然该文案中并未明确提到投资回报，但一般意义上理解，作品推荐人可以在推荐过程中获得回报。

3. 获赠发行人公司股权

2016 年，阿凡达电子商务股份有限公司创始人兼董事长发起，由阿凡达公司和中宣创展（北京）文化传媒有限公司等共同承办的"《互联网∑》，得'合'者得天下"项目，尝试了在回报方案中赠送股份的方式。该项目的筹资方案的最高档，金额 48 万元，限 2 人，回报之一就是"获得配送阿凡达原始股权100 000 股"。虽然该档并没有人支持，但不失为一次股权众筹出版的有益尝试。

5.1.4　产品推广型众筹出版

企业或者教育机构根据自身业务开发与拓展，形成了书面的成果，也就是我们在众筹出版中看到的图书，但通过众筹出版的目的并非预售其图书，而是推广自身业务或产品。

2015 年的项目"我们的孩子没问题！——芬兰儿童技能教养法大型论坛"，是为了宣传《儿童技能教养法》和《从故事里学儿童技能教养法》两本教育类的图书，众筹的时候这两本书已经发行一年有余，其众筹的目的并不是筹集制作发行印刷的费用，而是为了举办大型论坛、见面活动的场地租金、人员邀请等费用支出。

这个 4 月 7 日发起的众筹项目是为了推广 5 月 3 日下午在永泰福朋喜来登酒店举办的"本·富尔曼先生的大型分享论坛"。儿童技能教养法引自芬兰，其创始人即是此次论坛的主要演讲人本·富尔曼。我能行（北京）管理顾问有限公司作为儿童技能教养法在中国的推广中心，也是此项目的发起人。

该项目目标筹资两万元，设置了 58~6888 元共六档，回报除了有限量版作者签名书籍，最主要的就是论坛门票。除了 58 元档，其他档位均包含论坛门票。此次众筹，共获得 131 人次的支持，筹集资金 2.33 万元，目标完成率达到 117%。其中，包含门票的档位共获得 19 人次的支持，筹集资金 1.95 万元，占总筹资额的 83.7%。

类似的项目还有"百分百青春，百分百村上春树：村上春树作品读唱会"，标的图书是村上春树的短篇小说集《没有女人的男人们》，但众筹的主要目的是组织村上春树作品的读唱会。"工业品市场精英训练营 & 工业品营销资源网"项目，其主打的是"工业品市场精英训练营（第一期）"，虽然并没有在项目介绍中说明众筹资金用于课程，但在分档回报方案中有入营方案、VIP 会员方案、商业推广方案，通过图书的众筹可以实现市场的开拓。

5.2 数字众筹出版模式分析

5.2.1 数字出版发展现状

图 5-4 为 2012—2016 年新闻出版产业的收入规模，图 5-5 为 2012—2016 年数字出版的收入规模。2016 年新闻出版产业的收入规模为 23 595.8 亿元，其中数字出版的收入为 5720.85 亿元。从产业类别来看，2016 年数字出版的增长速度为 29.91%，图书出版为 1.19%，报纸、期刊出版继续下滑，传统出版业增长速度放缓，未来增长空间有限，而数字出版增长非常迅速。

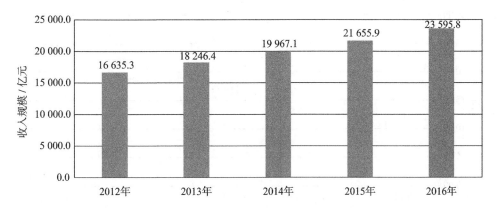

图 5-4　2012—2016 年新闻出版产业收入规模

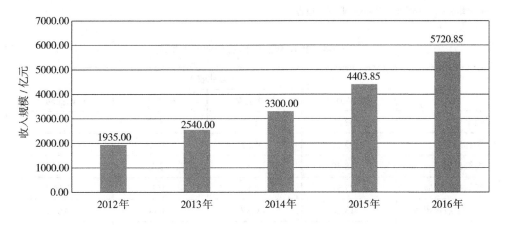

图 5-5　2012—2016 年数字出版收入规模

图 5-6 所示为 2012—2016 年数字出版收入在新闻出版产业收入中的占比，2016 年，数字出版收入为 5720.85 亿元（见表 5-4），占新闻出版产业总收入的 24.25%，数字出版在全行业收入中的占比逐年增大。

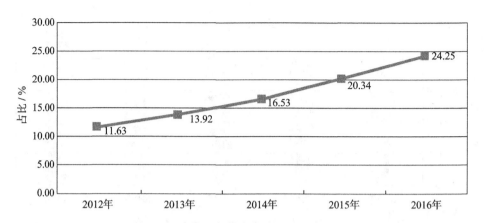

图 5-6 2012—2016 年数字出版收入在新闻出版产业收入中的占比

资料来源：《2016 年新闻出版产业分析报告》。

表 5-4 2016 年新闻出版产业收入构成

类别	营业收入			
	金额 / 万元	增长速度	占比 /%	占比变动
图书出版	832.31	1.19	3.53	−0.27
期刊出版	193.70	−3.63	0.82	−0.11
报纸出版	578.50	−7.61	2.45	−0.44
音像制品出版	27.51	4.80	0.12	0.00
电子出版物出版	13.20	6.37	0.06	0.00
数字出版	5720.85	29.91	24.25	3.90
印刷复制	12 711.59	3.81	53.87	−2.66
出版物发行	3426.61	5.96	14.52	−0.41
出版物进出口	91.52	8.69	0.39	0.00

5.2.2　出版业数字出版融资需求分析

图 5-7 所示为 2013—2016 年传统出版单位数字出版的收入情况，图 5-8 所示为传统出版单位数字出版收入的增长情况，图 5-9 所示为传统出版单位数字出版收入在数字出版总收入中的占比情况。从图 5-8 可以看出，传统出版单位数字出版增长放缓，传统出版单位数字出版收入在数字出版总收入中的占比逐年降低，可见传统出版单位在数字出版产业的发展过程中受互联网新媒体企业的冲击越来越大。

互联网新媒体企业的快速发展无疑是得益于资本市场，而出版业发展的短板就是缺乏资金的支持。目前大多数出版企业主要还是靠国家文化产业发展基金、出版基金等项目的支持在发展数字出版业务，相对于互联网新媒体企业来说，投入少，业务规模小，发展的动力不足。

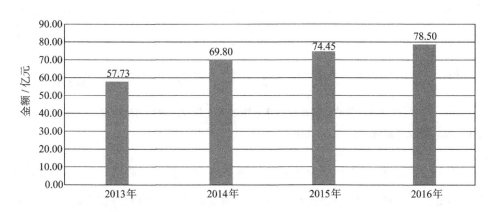

图 5-7　2013—2016 年传统出版单位数字出版的收入

资料来源：《2016 年新闻出版产业分析报告》。

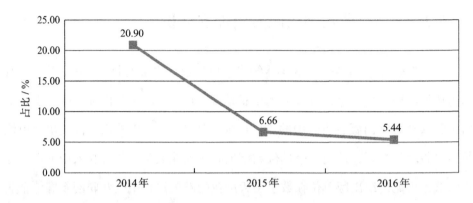

图 5-8　传统出版单位数字出版收入增长率

资料来源：《2016 年新闻出版产业分析报告》。

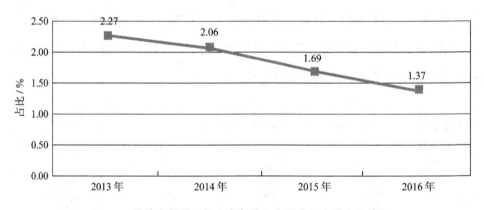

图 5-9　传统出版单位数字出版收入在总收入中的占比情况

资料来源：《2016 年新闻出版产业分析报告》。

数字出版已经成为出版业重要的发展战略和主要发展趋势，为保障数字出版产业的健康和稳定发展，出版业必须增加发展动力，加大融资力度，开展上市融资、文化产业投资基金融资及众筹融资等多元化的融资模式是出版业发展数字出版的迫切需求。

5.2.3　数字出版产品特征分析

数字出版产品相比传统的图书出版产品来说，具有品种多、投入大、收益大等诸多特点。

原新闻出版总署出台的《关于加快我国数字出版产业发展的若干意见》（新出政发〔2010〕7 号）中，从管理和应用的角度对数字出版做出了如下定义：数字出版是指利用数字技术进行内容编辑加工，并通过网络传播数字内容产品的一种新型出版方式，其主要特征为内容生产数字化、管理过程数字化、产品形态数字化和传播渠道网络化。数字出版产品形态主要包括电子图书、数字报纸、数字期刊、网络原创文学、网络教育出版物、网络地图、数字音乐、网络动漫、网络游戏、网络库出版物、手机出版物（彩信、彩铃、手机报纸、手机期刊、手机小说、手机游戏）等。数字出版产品的传播途径主要包括有线互联网、无线通信网和卫星网络等。

近几年来，新的数字出版产品形态不断涌现，如微课、移动 App、微博、微信、网络直播等产品形态发展迅速。

数字出版产品一般来说投入较大，从几千元、几万元到几百万元、几千万元甚至上亿元不等，如人民交通出版社的全球航海知识服务系统前期投入达 6000 多万元，最高人民法院出版社的法信平台投入达 2 亿多元。数字出版产品的收益要远远大于传统的图书出版产品。如 2015 年 2 月成立的樊登读书会一年会费为 300 元，目前付费会员已经超过 100 万，意味着其会员的付费金额已超过 3 个亿。2016 年 5 月，罗辑思维推出知识服务 App "得到"，截至 2017 年 2 月 18 日，这个付费专栏推出不到一年，按照公开显示的每个专栏的订阅数和相应的定价计算已经获得 1.39 亿元的收入。专栏订阅排名第一的是：薛兆丰（北大经济学科，97 238 人），其收入超过 3000 万。

5.2.4　数字众筹出版模式选择分析

从数字出版产品的特征看，数字众筹出版融资模式可以根据不同的产品形态选择不同的众筹融资模式，如表 5-5 所示。

表 5-5　数字众筹出版融资模式选择

项目类别	特点	众筹模式
垂直领域知识服务产品	投资大、周期长、可持续产生效益	股权众筹
专业数据库产品	投资较大、周期较短、在一定时期内产生收益	股权众筹 债权众筹
视频产品	投资较大、周期较短、在一定时期内产生收益	奖励型众筹
音频产品	投资较大、周期较短、在一定时期内产生收益	奖励型众筹
App 产品	投资较大、周期较短、可持续产生收益	股权众筹 债权众筹
游戏类产品	投资较大、周期较短、在一定时期内产生收益	股权众筹
动漫类产品	投资较大、周期较短、在一定时期内产生收益	股权众筹
在线教育类平台产品	投资大、周期长、可持续产生收益	股权众筹
VR、AR 产品	投资较大、周期较短、在一定时期内产生收益	股权众筹
阅读或听书产品	投资大、周期长、可持续产生收益	股权众筹
公共文化服务类	投资较大、周期较长、可持续产生社会效益	公益型众筹

5.2.5　数字出版股权众筹模式分析

大多数数字出版项目具有投资大并可持续产生收益的特点，相比其他的众筹模式，股权众筹可以获得较大的融资额度。因此，投资规模较大的数字出版项目可以选择通过股权众筹融资模式筹集资金，可根据出资方的出资比例分配项目股权，从而达到筹集资金实现快速发展的目的。

目前在数字出版业的发展上，出版企业采取了越来越灵活的体制和机制。如外语教学与研究出版社同科大讯飞股份有限公司于 2014 年 6 月合作成立北京外研讯飞教育科技股份有限公司，其中科大讯飞股份有限公司占股 51%，外语教学与研究出版社占股 49%。北京外研讯飞教育科技股份有限公司充分整合投资双方在内容、技术、品牌、服务等方面的优势，致力于为高校和教育机构提供云学习平台及服务，为用户提供海量优质的学习内容、快乐无忧的学习体验及便捷顺畅的社交网络，共同打造中国高等教育第一信息化学习平台。

采用同样的合作模式，北京师范大学出版社与科大讯飞股份有限公司于 2016 年 6 月共同出资成立北京京师讯飞教育科技有限公司。公司充分整合和利用北京师范大学出版集团优质的学术资源、丰富的内容资源、专业的出版团队和科大讯飞股份有限公司国际领先的人工智能语音技术、云平台技术和大数据技术，坚持自主开发与外部整合相结合，突出学术特色、技术特色和资源特色，紧跟教育发展前沿，紧密围绕中小教育教学，建立以学科多媒体资源库和北师大版电子教材为核心的、跨终端、跨平台的教学和学习服务系统，为中小学教师和学生提供智能化、个性化的教学和学习服务，探索建立融媒体出版的商业模式、营利模式、运营模式和服务模式，成为我国基础教育领域内卓越的互联网教学和学习内容提供商、教学和学习服务提供商。公司致力于利用优质的内容和领先的技术，为中小学阶段的教师和学生提供包括硬件、系统、内容和服务在内的模块化和立体化的教学及学习解决方案，推动教学和学习革新，为提高教育质量、促进教育公平、构建学习型社会贡献自己的力量。

出版业知识服务类产品、专业数据库产品、动漫游戏产品、阅读产品、VR或 AR 类产品等的研发及内容投送平台的建设等需要投入大量资金，这也是目前出版业数字出版发展的难点和痛点所在。一方面，数字出版需要大量资金投入；另一方面，在短期内又见不到收益。所以，大多数出版企业都不愿意在数字出版方面投入过多，致使出版业数字出版的发展水平要远远落后于互联网新媒体企业。

出版业面临三个关键的发展关口：第一个关口是转变发展方式，即利用新技术实现数字化转型升级。利用大数据技术、人工智能技术、VR 和 AR 技术、物联网技术等来转变出版业发展的方式。第二个关口为调整产业结构，即大力发展数字出版，同时提高优质内容的获取与供给能力，提高数字出版产品的精准投放能力。第三个关口为增加发展动力，开展多元化融资模式，筹集资金支持数字出版业务的发展。

数字出版股权众筹融资流程如图 5-10 所示：包括准备阶段、融资阶段和经营阶段。在准备阶段中，发起人主要负责数字出版项目的申请并通过众筹项目平台的审核；如果通过审核则进入融资阶段，在这个阶段里投资者对筹资者的项目展示进行项目评估与资金支持，众筹平台对所筹资金进行管理并收取一定的佣金作为中介费用；在经营阶段众筹平台对项目的经营状况进行监督并对有经营成果的项目进行成果的分配，投资者则可以收获相应的回报。

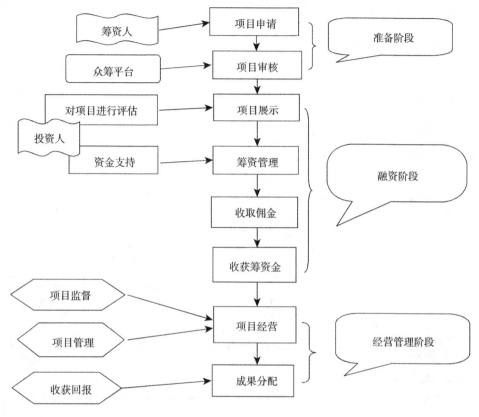

图 5-10　数字出版股权众筹融资流程

5.2.6　数字出版奖励型众筹模式分析

投资规模不大的数字出版项目可以选择奖励型众筹融资模式。如有些短视频、微课、慕课（MOOC）、电子教材、试题库、小型数字资源数据库、微信公众号、辅助教学或学习系统等数字出版项目的建设需要的资金并不会太多。

这些项目的建设方可以根据需要在众筹平台上以奖励（回报）的方式发起众筹。数字出版奖励型众筹融资流程如图 5-11 所示。

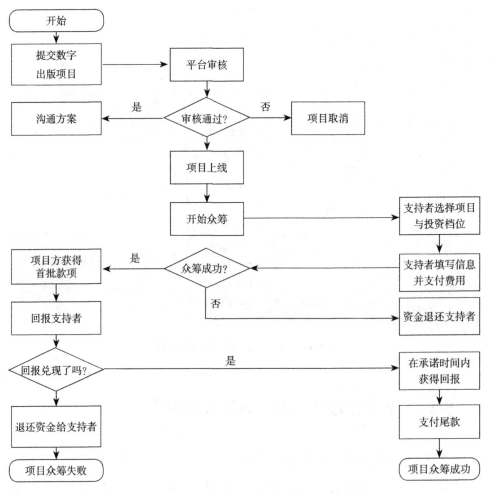

图 5-11　数字出版奖励型众筹融资模式流程图

第6章 众筹出版模式案例研究

6.1 众筹出版成功案例解析

6.1.1 《小强来了》众筹案例基本情况

1. 项目众筹基本情况

2015 年 1 月，河北教育出版社联合河北人民广播电台交通频道主播小强在众筹网发起了《小强来了》的众筹出版项目。项目上线当天即获得 143 人支持，筹集资金 1.58 万元，完成超过一半目标金额。从项目上线到项目期结束，共用了 20 天的时间，筹集资金近 7 万元，达成预定目标的 232%。

2. 项目标的和作者简介

《小强来了》的作者小强，本名为李延强，河北人民广播电台交通频道《小强来了》《新石门客栈》制片人、主播，其播音名为小强。自开播以来，收听率和回访率持续第一，在河北电台即通 App、凤凰 FM、蜻蜓 FM、优听 Radio 等数字媒体点击量排名第一，荣获"赢在创意"全球华语广播网络最佳人气奖，被评为河北电台十佳栏目，如今已在拉萨、银川、新疆、云南、深圳等 14 家省市台落地播出。

《小强来了》是主持人小强的第一本自传，书里讲述了他童年如何顽劣又如何乖巧，求学之时如何在文科理科之间犹豫选择，在大学的生活课业和爱好之间如何选择和抛弃，工作之后又如何变身为一个"作家"，什么时候开始模仿，又什么时候突然变成了话痨。……本书将揭开诸多听众的疑问，让现实生活中的小强近距离地出现在读者视线，看到他奋斗历程中的苦与乐，揭开他成功背后那些不为人知的勤奋与付出。

3. 项目特点

这个众筹出版项目标的重要特点是名人跨界出书，小强以广播主播的角色获得了听众的认可，在有一定知名度的前提下，开发了自身的周边产品。小强凭借其"强式幽默"及独特的声音魅力深受广大听众的喜爱。他的主持风格独树一帜，融小品、二人转、曲艺相声、脱口秀于一体，又不失文人才情的调侃和诙谐，给广大听众带去快乐、共鸣和回味。小强曾荣获央视索福瑞调查河北最具知名度和满意度的主持人，被评为河北电台十佳主持人，并荣获"2012 年度河北播音主持奖"。随着节目越来越火热,越来越多的听众朋友更加关注小强,年过而立的小强也开始对现状认真思考、对生活不断总结、对未来充满憧憬,也必然会取得新的成就。

小强不是第一个跨界出书的主播,早期有 1995 年赵忠祥的《岁月随想》、倪萍的《日子》、白岩松的《痛并快乐着》。借着主持人的名气出书,不仅宣传自己,提升知名度,也通过图书的出版发行获得了稿酬收入,是一件一举多得的事情。

4. 众筹出版项目运作流程

《小强来了》众筹出版项目是由河北教育出版社作为发起人,通过众筹模式完成图书出版发行的第一次尝试。项目包括了筹备、策划、众筹平台选择、众筹平台审核、在线众筹、项目回报、实施公益活动,历经 120 多天。

5. 众筹完成情况

该项目一经推出,不到 3 个小时,筹集资金超过 1 万元,不到两天时间就筹集资金 3 万元,获得百分之百成功(见图 6-1)。截至众筹活动结束,共有778 人参与,共获得筹款金额 69 347 元(见表 6-1),人均支持力度:86.56 元/人次,筹集到三台热饭机,328 个保温杯,众筹成功率达到232%。

2015 年 1 月 2 日,河北教育出版社已将《小强来了》图书和各档次的相应赠品回馈给参与众筹的每一位读者,发布会后出版社和作者小强一起第一时间前往贫困山区,将三台热饭机和 328 个保温杯送给那里的师生。

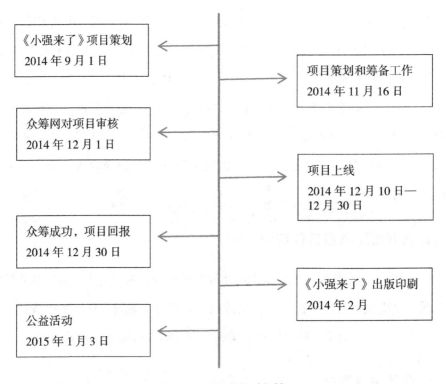

图 6-1　项目工作时间轴

表 6-1

序号	支持项	支持人次	金额 / 万元	支持次数比例 /%
1	40 元	525	21 000.00	67.48
2	99 元	212	20 988.00	27.25
3	299 元	28	8372.00	3.60
4	699 元	10	6990.00	1.29
5	3999 元	3	11 997.00	0.39
合计	5136 元	778	69 347.00	100.00

6. 项目特色

该项目的宣传语有两个：一个是"《小强来了》——一本有温度的书"；另一个是"《小强来了》之暖冬行动——让贫困山区的孩子喝上一口热水，吃上一口热饭"。

将该图书自身的特点与公益活动对接，选择"温度"和"贫困山区孩子"将书籍的主题推广出去。

本书作者小强是一个一直热衷于公益事业的电台 DJ，他从小生活在农村，对农村孩子的求学经历有着切身体会。在寒冷的冬天，带到学校的馒头已经冰冷，他啃过无数个冷冰冰的馒头。

平山县杨家桥乡王家峪小学、杨家桥小学、下槐镇东岸小学的孩子们和小强有着同样的经历。有的同学上学需要步行四五里山路，中午不能回家，学校的食堂很小，不能满足所有学生吃饭的需要。因此，需要一部分同学带饭到学校，又无法热饭，只能吃一餐冷饭或者干啃方便面。如此寒冷的天气，孩子们用着简单的玻璃瓶或塑料瓶，倒进去的开水很快变凉。

本次众筹出版主题是"《小强来了》之暖冬行动——让贫困山区的孩子喝上一口热水，吃上一口热饭"。项目组将以《小强来了》这本书的出版吹响爱心集结号，为这三所学校的师生提供一些保温杯和一台蒸饭机，让孩子们每天都有热水喝，每天中午都能吃上热腾腾的饭菜。项目组希望，大家的爱心会温暖孩子们的整个冬天。

7. 众筹方案设计

该项目共设置五个档位，从 40~399 元不等，详情见表 6-2。

表 6-2 《小强来了》回报档位设置情况

序号	档位	限额人数	回报 1	回报 2	回报 3	回报 4	回报 5
1	40 元	无	《小强来了》（独家定制签名本）新书 1 本。附《小强来了》获奖经典节目光盘一张。 内容包括： ●《小强来了之大咖驾到》（获河北影视大奖作品奖、河北电台十佳栏目、主持人奖）； ●《大笑江湖之愚人节特别节目》（获全球华语广播最佳网络人气奖）； ●《欢乐作坊之抓贼》（获中广协年度十佳栏目、河北省台双十佳栏目奖）				
2	99 元	无	《小强来了》（独家定制签名本）新书 1 本，附有《小强来了》获奖经典节目光盘	存有时长 600 分钟，20 期《小强来了》精选节目音频的 U 盘 1 个	为山区的小学生捐赠保温杯 1 个，让孩子在寒冷的冬天喝上一杯热水，给孩子带去一片温暖。（保温杯由河北教育出版社和小强一起送到学校，送到每个小学生手里）		
3	299 元	200 位	作者亲笔签名版《小强来了》2 本，附有《小强来了》获奖经典节目光盘	存有时长 600 分钟，20 期《小强来了》精选节目音频的 U 盘 1 个	为山区的小学生捐赠保温杯两个，您可以让两个孩子在每个寒冷的冬天喝上一杯热水，给孩子带去一片温暖。（保温杯由河北教育出版社和小强一起送到学校，送到每个小学生手里） ★ 小强 2015 新春脱口秀门票两张（地点石家庄，时间暂定为 2015 年 1 月下旬）		

续表

序号	档位	限额人数	回报 1	回报 2	回报 3	回报 4	回报 5
4	699	10	作者亲笔签名版《小强来了》6本，附有《小强来了》获奖经典节目光盘	存有时长600分钟，20期《小强来了》精选节目音频的U盘3个	小强2015新春脱口秀门票3张（地点石家庄，时间暂定为2015年1月下旬）	为山区的小学生捐赠保温杯6个，您可以让六个孩子在每个寒冷的冬天喝上一杯热水，给孩子带去一片温暖。（保温杯由河北教育出版社和小强一起送到学校，送到每个小学生手里）	小强可以专门为您定制一段录音（铃声或企业宣传语均可，时常不超过20秒），录音内容须提前沟通
5	3999元	3	作者亲笔签名版《小强来了》10本，附有《小强来了》获奖经典节目光盘	存有时长600分钟，20期《小强来了》精选节目音频的U盘5个	小强2015新春脱口秀VIP门票6张（地点石家庄，时间暂定为2015年1月下旬）	为山区的孩子捐赠价值约3000元的蒸饭机一台，可以让300多名小学生和他们的老师在每一个寒冷的冬天都能吃上一顿热腾腾的午饭。蒸饭机将标注您或者您企业的名字，让山里的孩子和老师铭记您的爱心。（蒸饭机由河北教育出版社和小强一起送到学校）	

8. 推荐人的选择

该项目共选择了四名推荐人，均是文化行业人士。有职业同行著名主持人崔永元，有项目同行《畅销书浅规则》作者李鲆，有新闻行业从业者考拉 FM 总编辑魏成和喜马拉雅 FM 总编杨申。推荐人集中在与发起人或者作者行业相关领域的著名人士，有利于为作品背书，获得更好的筹资效果。

9. 众筹期有限，无法满足部分有效需求

绝大多数众筹平台都对项目提出项目期限，例如，本项目在发起前即已设定 20 天的筹集期，也就是 12 月 10 日至 12 月 30 日。由于项目的推广和众筹平台的浏览频次限制，部分用户在了解众筹项目时已超过项目的筹集期，因此无法参与活动。

根据项目评论显示，12 月 31 日有用户发表评论"今天不能买了吗？我想买"，因此众筹结束后平台是否能够提供后续的购买活动或相关对接活动，也可以作为平台一个新的盈利点。

6.1.2 《古都之美：北京的巷陌民风》

2016 年中华书局在众筹网发布的"专属定制：2017 最美台历中华书局《古都之美：北京的巷陌民风》"，仅用 11 月 25 日一天的时间，更精确地说，是只经过了不到两个小时便完成了此次众筹，共获得 16 589 人次的支持，筹集了 48 7060 元。之所以完成率仅有 102%，是由于项目设置了支持人数的限制。如图 6-2 所示。

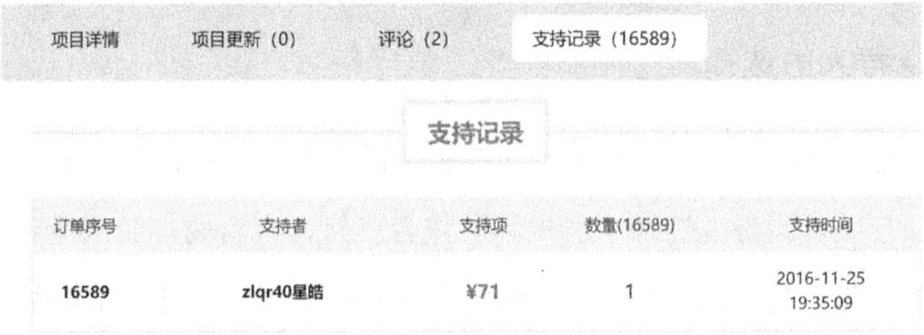

项目详情	项目更新 (0)	评论 (2)	支持记录 (16589)

支持记录

订单序号	支持者	支持项	数量(16589)	支持时间
16589	zlqr40星皓	¥71	1	2016-11-25 19:35:09

图 6-2 《古都之美：北京的巷陌民风》支持忆录

　　该项目金额只设置了两个档位，一档是 2 元，一档是 71 元，均有人数上限。2 元档是企业专属支持，限 10 011 人，回报是由发行人邮寄感谢信。71 元档有实物回馈，邮寄《古都之美日历 2017：北京的巷陌民风》和《最美古都台历》。如图 6-3 所示。

图 6-3　《古都之美日历 2017：北京的巷陌民风》内页图
资料来源：众筹网。

　　该项目特点如下。

1. 画作精美，制作精良

　　日历中收集了著名画家黄有维的近 200 幅水彩画，精致地展现出北京城的灵动绝美。如图 6-4 所示。

　　印刷制作是由业内著名的雅昌艺术精印，设计清新雅致，装帧工艺精良。

图 6-4 《最美古都台历》内页图

资料来源：众筹网。

2. 定制福利

该项目标的是台历，用途较为广泛，本次众筹给予的回报之一是印制支持企业的 LOGO，也就是支持者可以通过资金的支持获得一定数量带有自身 LOGO 的台历，作为宣传品发放给自己的客户或者潜在客户。

定制带有企业 LOGO 的台历业务在众筹之前就已经是发展得比较成熟的业务，但存在的问题是：价格低廉的，一般制作比较粗糙；如果是需要制作精美的，单价和印刷量都有一定的要求。众筹出版可以提供更高层次的产品与精确的采购数量。

6.1.3 《远方不远》：穿越大漠去中东，一个游侠骑士的两万里西行

《远方不远》是众筹网 2016 年的一个项目，发起人是一个 26 岁的小伙子，他曾是一名记者，在一线做了三年新闻采写工作。2016 年决定骑摩托车穿越大漠去中东。他骑摩托车从甘肃兰州出发，成功地穿越柴达木盆地、罗布泊、塔克拉玛干沙漠和南疆，将走出国门，继续摩托之旅。发起人在旅途中每天夜晚都将沿途探访的人、遇到的事记录成文字，以记者的视角，以纪实的手法，记录沿途的人和事，以此来反映时代变迁。

这个项目自 2016 年 10 月 20 日发布，到 2017 年 1 月 24 日截止，用了 96 天的时间筹集到了 51.6 万元的支持金额，目标完成率是 517%，是 2015—2018 年众筹网发布的 34 个旅行类项目中筹资金额最高的，也是完成率最高的一个项目（见表 6-3）。

表 6-3　《远方不远》项目分档筹集资金情况表

序号	档位 / 元	支持人次	筹集金额 / 元	备注
1	无私支持	1204	27 883.00	
2	48	1964	94 272.00	
3	68	399	27 132.00	
4	98	2513	246 274.00	
5	198	100	19 800.00	限额已满
6	298	340	101 320.00	
合　计		6520	516 681.00	

在众筹发起时，作者还在旅途中，继续骑摩托车开往中东，文字还要在下一段的旅途中继续书写，所以在项目持续期书籍并没有完成，筹集的资金也是要继续用于写作、出版、印刷、回报支持者。从项目更新情况可以看到，2017 年 7 月 13 日，发起人已经将所有档位的回报发放完毕。项目从发起到筹集资金，最后发起人寄送回报品，顺利完成。这是一个非常有创意的项目，也实现了项目发起人青春的梦想。

能够获得这么多人的支持，取得如此好的效果（见图 6-5），我们总结有以下几点。

图 6-5 《远方不远》项目部分支持者留言

1. 热血青春的梦想

几乎每个人在青春年少时都会有自己热血的梦想，曾做过游侠儿梦的少年人不知凡几，但最终能实现自己的梦想，去一步步完成自己的设想，却是大部分人都没有实现的。在这个项目里，这个 26 岁的年轻人告诉我们，"我们心中的'远方'如同一场漫长的旅行——它并非想象中的那么遥不可及"，仿佛能够点燃我们曾经的热血，仿佛是有人帮我们实现了理想。

2. 高风险的行程

发起人骑着摩托车穿越高风险地区，途经危险的沙漠、无人区、战乱区，风险很高。柴达木盆地、罗布泊、塔克拉玛干沙漠、巴基斯坦、伊朗、伊拉克、阿富汗等，这一路的行程里都是危险地段，要么是地理环境的危险，要么是战火的危险，危险程度相当高。但也正因如此，这段行程引发了更多的好奇和关注。

3. 文字视角独特

这本旅行日志，主题并不是沿途的山川地貌，也不是当地的风土人情，更不是各地的美酒美食。这本书，关注的是旅途中那些身处险境依然坚守远方的人。在青藏牧场，发起人和藏族牧民爬上海拔 4500 米的雪山，一起挖冬虫夏草。在巴基斯坦克什米尔地区重镇吉尔吉特，有一座烈士陵园，里面埋葬着 88 位为修筑中巴公路而牺牲的中国烈士。发起人关注的是巴基斯坦老人阿里·艾哈迈德，他自 1978 年起自愿在这里守护陵墓，迄今已陪伴这些来自中国的英灵度过了 38 个年头。

伊斯兰堡市区附近 10 千米以上，有一个成立于 19 世纪 70 年代的难民营，难民营里的成年人都已外出务工，大量儿童留守。发起人在这里为孩子们募捐，用相机为他们记录童年。

发起人追寻巴基斯坦第一位穆斯林女骑士伊凡，探访着一群在战火纷飞的中东地区，冒着生命危险在工作的战地记者。

发起人将他们的经历写在这本《远方不远》里，这样的美好都能通过这本书展现出来，是普通人无法触及、而文坛大家们不会涉猎的领域与视角。如此独特而内涵丰富的作品获得成功自然是水到渠成的了。

4. 动态展示项目进展

《远方不远》是最适合众筹出版的项目，有创意，同时书籍还在制作阶段。但这样典型的众筹出版类型产品所面临的同样的问题是，如何获得支持者的信任，也就是这本书能不能如期完成，筹集到的资金是否用到了这本书上，支持者的回报能不能顺利收到。

该项目的解决方案是，通过微信公众号这一平台，直播公开已写作完成的部分。支持者只要关注发起人的公众号"远方不远"，就可以随时了解发起人骑行中的见闻。

6.1.4　多次多本图书众筹

同一图书多次众筹，如《众筹学》《西游领导力》的众筹均开展了两次或两次以上。重复众筹次数最多的是钱志龙发起的公益出版，在众筹网一共发起了四次（见表 6-4 ）。

表 6-4 钱志龙多次多本众筹一览表

项目名称	教育者钱志龙公益出版：读博士演讲稿，听校长讲故事	教育者钱志龙公益众筹出版第二期：读博士演讲稿，听校长讲故事	畅销书作家钱志龙又出新作，还是两本，还是公益出版	抱歉久等啦，钱志龙的两本新书终于下了印厂了（众筹三期）	合计
众筹图书	《校长日记：我在美国做校长》《鱼与熊掌：图解中西方教育的异路与同归》	《校长日记：我在美国做校长》《鱼与熊掌：图解中西方教育的异路与同归》	《鱼与熊掌Ⅱ：国际教育的门里门外》《鲑去来：我的美国留学往事》	《鱼与熊掌Ⅱ：国际教育的门里门外》《鲑去来：我的美国留学往事》	
开始时间	2016 年 9 月	2016 年 11 月	2018 年 3 月	2018 年 8 月	
筹资天数	33	44	71	15	163
目标资金（万元）	30	0.1	40	0.5	70.6
已筹资金（万元）	6.49	50.26	2.27	35.54	94.57
目标完成率（108%）	119	2272	127	1299	133.94
支持人次	1828	234	2457	323	4842
无私支持人次	298	15	396	26	735
最低支持金额（元）	88	100	125	130	443
最高支持金额（元）	8000	100	10 000	13 000	31 100
档位数	7	1	4	4	

　　钱志龙博士出生于上海，就读于南洋模范中学，保送北大东方学系。先后获得北京大学外国语学院阿拉伯语言文化专业文学学士，美国伊利诺伊大学香槟分校（University of Illinois at Urbana-Champaign）组织沟通专业传播学硕士，美国夏威夷大学（niversity of Hawaii at Manoa）语言教学专业文学硕士，美国

东西方研究中心（East West Center）亚太领导项目高级证书，美国南加州大学（University of Southern California）教育领导专业教育学博士。钱志龙曾任美国罗耀拉大学实践教授，美国半岛国际学校小学校长，怡海教育集团总裁，中国传媒大学培训学院国际部主任，青苗国际双语学校副总校长。

钱志龙博士在众筹网为其四本书，做了两批四次众筹活动，共筹集资金189.13 万元，目标完成率达到 133.94%。

钱志龙博士四次众筹都是为公益展开。钱志龙博士自 2014 年设立"钱志龙奖学金"，所有演讲、出版收入皆用来帮助出身寒门勤勉向上的弱势学生延续学业。2016 年前两次的众筹活动，零星资助了一些公益和慈善项目，但一直没有找到适合发放奖学金的项目。2018 年后两次众筹活动筹集的资金，是以百年职校作为对口学校，由北京艺美公益基金会与百年职校共同遴选出符合"钱志龙奖学金"要求的学生。

6.1.5 《清华金融评论》——第一本众筹出版杂志

《清华金融评论》是由教育部主管，清华大学主办，清华大学五道口金融学院承办，清华大学出版社有限公司出版的一份金融杂志类刊物，也是国内首个试水众筹出版的期刊。《清华金融评论》在众筹网做了三次众筹活动，累计获得1085 人次的支持，筹集资金 15.17 万元。

第一次众筹是在 2014 年 1 月 5 日正式开始，清华大学五道口金融学院、《清华金融评论》杂志携手众筹网共同举办的"《清华金融评论》众筹项目发布会"在京举行。众筹的回报是享受全年低于半价的包邮优惠活动，参与 10 元可获得价值 20 元的印刷版 2014 年首刊，参与 100 元可获得价值 240 元的 2014 年全年 12 期印刷版杂志。此外，用户把自己对金融改革的观点写在备注中，参与 "金融改革大家谈" 活动，杂志将会选出 100 条有独到见解的观点评论，放在杂志专属栏目署名展现，参与用户将额外免费获得收录有自己观点评论的杂志（见表 6-5）。杂志还未出版即可从未来潜在读者中了解到杂志的需求量及内容预期需求，再根据用户需求发行杂志。

表 6-5　《清华金融评论》众筹三期详情

发起时间	目标金额 / 万元	已筹金额 / 万元	目标完成率 /%	回报 1	回报 2
2013 年 9 月	5	8.52	171	2014 年全 12 期	
2014 年 3 月	2	4.36	218	12 期印刷版杂志	"清华五道口金融论坛" 入场券
2014 年 12 月	2	2.30	115	2015 年全 12 期	
合计	9	15.17	169		

通过众筹出版，杂志在出版前可以将未来一年或两年的杂志订阅出去，保障了基础销量。

6.2　众筹出版失败案例解析

6.2.1　《爱的教育童话》众筹失败剖析

2017 年 1 月，在众筹网发布的项目 "初心依旧，童话妈妈杨红樱在寒假有好故事"仅在线一天，获得两位支持者支持，共筹得 72 元，完成率为 1%。

从项目的背景来看，该项目的标的作品出自著名儿童文学作家杨红樱，该次众筹新书是精选的 15 篇杨红樱关于爱的教育的唯美短篇童话，书中插画是由法国插画界一流插画师根据内容专门绘制，由美国汉学家对翻译进行译审。

1. 图书内容

本次众筹的图书作者是国内著名作家，用中文写作，而本次众筹的图书文字内容为英文。英文绘本和英文童书在国内市场销售情况良好，但基本都是以英语为母语的作者写作的。而本次众筹的图书是汉语作家用汉语写作，然后翻译成英文。翻译是由美国汉学家对翻译进行译审，潜在含义是翻译由非英语母语人士翻译，仅由美国汉学家译审，无法考量作品质量。

2. 发起人

发起人并非作者杨红樱女士，也非专业的出版社或文化公司，而是由个人发起。关于发起人的介绍，项目详情中的披露内容为："大学毕业之后，做过很多工作，广告设计、编辑、写手等。直到 5 年前从事图书行业，5 年来见证图书行业在互联网的崛起，虽然依旧小人物一个，始终保持初心，给孩子推荐高性价比的优质成长图书。"❶ 文字中未披露自身保障出版的信息，也未披露出版方、与杨红樱女士关系、版权获得情况等与图书正式出版和图书的质量保障密切相关的信息。

---

❶ 参考"众筹网（www.zhongchou.cn）"。

3. 信息披露

项目介绍中披露书中插画由法国插画界一流插画师绘制，文字由美国汉学家译审，但均未披露具体姓名，虽然展示了部分插画和英文内容，但无法很好地判别其工作质量。

4. 定价

该项目资助金额设置的五个档位，分别是 36 元、45 元、100 元、168 元、180 元。本次众筹仅在第一天，也就是 2017 年 1 月 11 日在 36 元这一档位获得了两位支持者。

36 元档的回报是"1 套杨红樱童话故事《寻找快活林》《最好听的声音》各 1 册 +1 张生肖卡"。

图 6-6　《寻找快活林》在当当网的销售信息

图 6-7 《最好听的声音》在当当网的销售信息

由图 6-6 和图 6-7 可知，《寻找快活林》《最好听的声音》两本书均由中译出版社出版，两本书原价分别为 38 元和 76 元。一般图书的进货价是原价五折，据此推算这两本书的进货价之和应当为 57 元，当当网上两本书的价格和为 79.9元。这两个价位都远高于众筹定价，因此图书是否是正版会引起怀疑，令人不敢轻易尝试。

6.2.2　京东众筹出版失败项目分析

表 6-6　京东众筹出版失败项目一览表

序号	项目名称	目标金额/万元	已筹金额/万元	进度/%	折扣率/%[1]	支持人次
1	《推到"胡规"》	4.5	0.02	0.4	无售[2]	4
2	《101 基础骑乘教程》	3	0.07	2.0	90.00	4

序号	项目名称	目标金额/万元	已筹金额/万元	进度/%	折扣率/%	支持人次
3	中国汽车人口述历史《拓荒》	1	0.18	18.0	69.00	24
4	《脚步》（自传）	0.5	0.11	21.0	29.00	28
5	汪曾祺自述与画传【珍藏版】	1	0.24	24.0	85.71	31
6	闺蜜再聚《北京宴》	1	0.25	25.0	86.00	34
7	《21世纪资本论》	10	0.91	9.0	59.00	36
8	"小绘本·大世界"系列	2	0.06	3.0	72.50	35
9	《轻管理实操》	1	0.35	36.0	99.00	50
10	《三国英雄谱》20年收藏级	20	1.01	51.0	100.00	72
11	阿虫绘本《回家吧》	1	0.57	57.0	100.00	83
12	《新锐人物"话"插画》	0.5	0.23	46.0	58.00	84
13	绘本《十月呵护》	2	0.55	28.0	无售	242
14	《同学，你会考试吗》	1	0.34	34.0	100.00	124
15	《网红经济学》	5	0.37	7.0	91.00	98
16	《在这世界的角落》原著漫画	10	8.33	83	70.00	1012
17	熊辛淇巴厘岛写真集《野生》	66.6	22.92	34	99.00	858
18	《墨痕》（散文集）	1	0.16	16	79.00	26

资料来源：京东众筹——文化板块。

注：① 折扣率，选择支持图书的第一档位，未排除图书以外回报。② 主流图书网店无销售、项目说明未显示原价，无法计算。

由表6-6可以看到，在京东众筹板块失败的项目一共18个，总结有以下几个特点。

1. 图书受众太少

如2016年的《推到"胡规"》，其书籍内容为推翻象棋界现行规则，这一现行规则是由中国象棋特级大师胡荣华提出的"红方贴分、黑方贴时""贴方贴时，和棋黑胜"的规则。象棋在我国目前处于非常弱势的状态，普及率很低，研究象棋胜负规则这样理论性的图书很难获得支持。

2. 目标筹资额制定过高

"熊辛淇巴厘岛写真集《野生》"项目由于熊辛淇的名人效应获得了858人次的支持，筹集到22.92万元的资金，但其所定的筹资目标额为66.6万元，从筹资率角度看只有34%，从而导致项目失败。因此，合理制定目标筹资额是保障众筹出版成功的重要因素。

3. 绘本项目失败率较高

京东众筹文化板块中失败的出版物项目只有18个，但绘本类的项目有8个，占比为44.44%。

4. 图书单价过高

《101基础骑乘教程》原价188元，最低档的筹资额为169元，只提供了9折。本身骑乘的学习是实践型，无法直接用纸质的教程进行学习，书籍制定的价格过高，众筹方案中的折扣率也相当高，无法吸引读者的目光。

又如2017年的阿虫绘本《回家吧！》，书籍原价为39元，但最低档的回报方案"绘本一本+主题民信片一套+手绘2018年日历一份+主题贺卡一张"存在单个回报方案中致单项支持金额制定为39元，未提供任何折扣，附加值在于绘本外的物品，品种虽多，但在信息化的今天并没有多少实用价值。

6.2.3 对发起人的建议

（1）根据自己项目的特点，选择合适的众筹出版平台。如果自带流量或者更希望得到出版方面专业化的服务，可以选择专业类的出版平台。如果希望利用平台流量或者平台的推广能力，那可以选择流量较大的综合性平台。

（2）项目介绍中要写一篇能够引起共鸣的众筹文案。

（3）众筹期间，不断更新这本书的进度。

（4）充分利用社交软件和自媒体等工具对自己的项目进行推广，有条件的情况下，请家人、同事和朋友帮忙转发推广。

（5）利用豆瓣、微博、简书等地方发布众筹出书计划，以期得到陌生人的关注。

第7章 国内众筹出版模式中现存的问题和解决机制研究

7.1 国内众筹出版模式中存在的问题

7.1.1 众筹出版平台的运营艰难，可持续发展存在问题

国内图书出版市场存在非常明显的"二八效应"。根据开卷信息对地面书店销售监测数据显示，超过一半的市场码洋是由 1% 的畅销书所取得的。如果没有持续的畅销书在平台发布，平台运营就会存在困难。

如刚刚倒下的赞赏，赞赏目前出版的图书无一畅销书，都是面向长尾市场的小众图书。

众筹成功后的后续披露问题，所有回报是否都已完成，部分项目会在项目

进展披露回报发放情况，大部分项目没有披露回报发放情况。缺乏用户收到回报后的反馈和评价。应当建立类似淘宝的评价机制。

如"众筹一辆咖啡车——带你一起完成移动咖啡梦"的项目，众筹已经筹集 20 万元的资金，这笔资金是否用于咖啡车的打造，是否已经投入运营，运营情况如何，是否给予了支持 3000 元档位的用户分红，这些信息均未在众筹网上披露。

1. 获客难度大，成本高昂

截至 2019 年，中国移动互联网用户规模达到 11.38 亿人，人口红利消失，增幅明显下降，新增用户几乎停滞，所有的网站、App 都在抢存量用户，流量的竞争越发严峻，每年的流量价格都不断创新高。据研究者根据小米招股说明书披露的数据研究发现，即使是互联网巨头，其获客成本都在 100 元人民币以上。

2. 盈利模式不明晰，短期和长期盈利都不乐观

依靠项目抽成的平台，需要每年的项目发布数量和筹资金额达到一定程度，才能补偿平台运营成本。

众筹平台的预期年化收益模式主要有交易手续费、直接投资、作为领头人的服务费用、增值服务费用、产品营销费用这五种。依靠付费用户的平台，需要吸引足够数量的持续付费的用户才能支撑。赞赏平台从 2014 年 App 上线到 2018 年关闭，用 4 年时间仅获得了 1 万付费用户，可见用户获取之难。

用户分为两种，一种是极客，一种是大众消费者，两种人的需求是不一样的。

极客群体要的是参与感，他们希望在产品还没做出来之前，能参与到整个开发过程，你有问题我帮你找出来，这个时候产品是不成熟的。而对于大众消费者来说，你的产品不成熟，是次品，他们不愿意帮你测试，他们希望拿到质量好的最终产品。这两种用户的喜好和思维习惯是完全不一样的，如果将极客和大众消费者混为一谈，就无法对平台进行准确定位。

7.1.2　信用机制问题

众筹模式对项目团队非常宽容，但无法保护出钱一方的权益；项目团队可以发货时间无限延期、产品质量也可以不如预期，甚至做出来的东西和当初对大家讲的不一样，这都没有关系，因为众筹鼓励创新，但是有创新就会有失败，这对出钱的用户来说是不公平的，因为没有人想要支持一个不靠谱的团队。所以众筹从模式和机制上来说是有严重的缺陷的，这个严重的缺陷会导致一种失衡，导致众筹平台成为不靠谱团队的温床。

当好的团队和不好的团队混在一起的时候，没办法对用户保证，上线的项目能否在承诺的时间内拿出一个成熟的产品，这对用户非常不负责任。我们觉得必须保护用户权益，无论是初创团队还是大公司，我们都希望做出来的东西是靠谱的东西。所以"点名时间"开始对项目做非常严格的审核，同时在打款的方式上面，改掉以前先打 30%~70% 的模式，后来发现就算 70% 也会有烂尾的情况，这些都是"点名时间"过去的惨痛经验。"点名时间"现在改为不预先打款的方式，用款项来约束团队，让用户支持参与的体验提高。但这样一来，又不是众筹了。

我国众筹模式中普遍存在的信用机制、保护机制失衡等问题在众筹出版中也较为突出，应探索相应的制衡机制以促进行业发展及与互联网融合。假如众筹项目不能按期履约，众筹平台一般不能强迫发起人采取措施。但假如众筹项目发起者拒绝平台沟通并拒绝给参筹者一个交代，众筹平台会禁止该众筹发起者（并非单纯的账号禁止，而是根据银行账户、身份信息等内容对团队中的自然人全面封禁）再次使用平台开展新项目。

7.1.3　众筹模式单一，单项筹资额低，总规模较小

目前众筹出版的项目，基本是已完成作品的预售型的众筹，支持图书创意的项目非常少。

支持者大多以购买者的角色参与出版的众筹活动，众筹出版规模不大，在目前预售型众筹出版模式中，众筹出版一本图书的融资规模一般在 10 万元左右，相对于科技、房产、车行业来说融资规模较小。当前奖励型众筹出版模式的融资规模对行业的发展作用不明显。在当前众筹包括的四种模式中，在出版行业主要涉及预售型（回报型）众筹出版及一部分的公益型众筹模式，极少量的项目有股权众筹模式成分，而债权类众筹模式则完全没有涉及。债权类众筹模式与股权类众筹模式主要是在房产、车等行业发挥着重要的作用。由于传统类图书出版项目的融资规模较小，不适合采用债权及股权众筹模式。

众筹出版项目的特点是单项筹资金额较低，总筹资规模较小。与科技产品相比，总的筹资规模不到其 0.68%，平均筹资额不到其 4.1%。详情见表 7-1。

表 7-1　众筹出版与众筹科技筹资规模对比

单位：万元

年度	科技项目总筹资额	出版项目总筹资额	科技项目平均筹资额	出版项目平均筹资额
2016 年	413 100	2800	185	7.5

资料来源：《中国众筹行业发展研究》。

7.1.4　众筹出版目的不明确

在西方国家参与众筹的图书，大多数是普通作者的普通作品，作者希望通过众筹来获得作品面世的机会。但中国的众筹图书很多都是名家新作，即便不众筹也会获得关注。也就是说，中国很多参与众筹的图书既不缺钱也不差名，目的就是把众筹平台作为自己的秀场，让众筹作为其图书推广营销的手段。发达国家的众筹出版作为给投资者的回报，一般都是一些签名本或一些明信片等。而在中国的众筹，回报则千奇百怪、价值惊人。如在《盗墓笔记》的众筹模式中：读者捐赠 199 元，就可以获得价格不菲的听读机、有声机、年会门票、咖啡馆活动，甚至还有苹果手机。国内许多众筹出版项目并不是以融资为目的，而是作为一种图书营销的手段，这并不利于众筹出版的发展。

7.1.5　股权众筹模式中的法律冲突问题

我国的 IPO 虽然从批准制转变为审核制，但其本质并未发生根本改变，上市资源仍旧是稀缺资源，对其规范极其严格。

基于互联网的股权众筹与现有法律存在冲突：一是面向大规模的非合格投资者融资，另一个是公开劝导。

众筹与我国现行《中华人民共和国公司法》（以下简称《公司法》）《中华人民共和国证券法》（以下简称《证券法》）存在冲突。《公司法》中规定："以原始股权作为回报，相当于吸引一部分人开公司，公司法规定，非上市公司的股东人数不能超过 200 人。"

《证券法》中第十条规定："向不特定对象发行证券的、向特定对象发行证券累计超过 200 人的，都算是公开发行证券，而公开发行证券则必须通过证监会或国务院授权的部门核准，需要在交易所遵循一系列规则去交易。"

在出版的法律制度方面，出版书号管理模式与众筹出版发展存在不一致的情况。

7.1.6　信息披露不完善

众筹项目完成后存在回报发送和监管问题。如参加《就想开家咖啡馆 2——没人敢说的咖啡馆秘密》众筹，可以获得咖啡车的盈利分红。方案中未提及一份认购所占的分红比例是多少，一辆咖啡车的会计核算问题，如何监管盈利计算准确性问题。

各平台上项目披露信息主要是对众筹项目过程前和过程中的披露，缺乏项目筹资过程结束后项目落实情况的披露，针对发起方资质、筹后资金保管情况、各阶段资金使用情况和成本费用也均没有披露。信息披露的不完善导致项目在筹集资金后，资助人对项目进展和资金使用失去知情权。

7.1.7 　未涉及新兴的数字出版领域

从前面的分析可以看出，出版业众筹主要涉及的是传统的图书出版项目，而新兴的数字出版领域并没有涉及。数字出版已成为出版业重要的发展趋势和新的经济增长点。大力发展数字出版，加快出版业数字化转型升级，实现传统出版与新兴出版的融合发展是出版业发展的当务之急。数字出版项目一般来说投资大、周期长，很难在短时间内见到效益。因此，目前大多数出版业企业并不愿意在数字出版业务方面投入太多，致使出版业数字出版的整体发展水平要远远落后于互联网新媒体行业。资金投入严重不足已经成为出版业数字发展的瓶颈，在数字出版领域开展众筹融资模式的尝试，发展多元化的融资模式，是出版业增加发展动力，加快数字出版产业发展的重要途径。

7.1.8 　众筹出版国内知识产权不明晰

知识产权，是指权利人对其所创造的智力劳动成绩所享有的专有权利，一般只在一定时期内有效，各种智力创造，比如艺术作品、发明、文学、名称、标志、外观设计等都可以被认为是某人或组织所拥有的知识产权。对于全世界的企业来说，知识产权都是最宝贵的资产，知识产权是发展最快的创新驱动力。众筹平台为了吸引受众投资，作者、出版企业一般都会在众筹平台上公布出版物选题及其创意、创作提纲、部分甚至全部内容。没有任何保密或者非披露信息保障措施，在众筹网站平台展示成果会带来巨大风险。因为随着网站的公开展示，难以避免大量的创意被盗导致盗版图书的出现。众筹平台无法保证创意不被他人剽窃，融资者就需要对知识产权提高自我保护意识。面对这种尴尬的局面，加大知识产权保护力度，惩处侵犯他人知识产权的违法行为，树立尊重他人知识产权的法律意识至关重要。我国应该加大对知识产权的保护力度，这有助于激励大众继续创作新的作品，同时也让项目融资者可以放心地进行融资。

7.2   众筹出版法律规范

目前，我国众筹出版的常见流程是项目发起人（主要是出版商）与众筹平台签订合同，通过平台网站发布书刊写作和出版计划，在平台的监督和辅导之下向公众即潜在投资者进行宣传和推广。众筹出版分为实物回报类众筹出版、股权类众筹出版、债务类众筹出版、捐赠类众筹出版。目前囿于国内环境与法律的监管问题，大部分众筹网站采用的是实物回报型众筹出版。众筹出版在国内主要面临法律风险问题与道德风险问题。实物回报型众筹出版与目前国内监管政策的焦点在于非法集资问题（非法吸收公众存款或变相吸收存款问题）。非法集资罪，包括非法吸收公众存款罪，集资诈骗罪；证券类法律风险，包括私自发行股票、公司、企业债权罪，欺诈刊行股票债权罪等罪名。有学者将上面这些罪行归纳为：准入限制风险与异化风险。准入限制型法律风险的产生源于我国现行经济体制和金融制度的法律障碍；经营异化型法律风险的产生则是基于众筹融资经营方式监管的法律空白，在缺乏有效约束的情况下，部分融资者和平台打着互联网金融的幌子蒙蔽投资者和司法机关，有预谋地单独或共同实施犯罪行为。众多众筹网站例如："点名时间"、淘梦网、追梦网等为了避免涉嫌非法集资问题，大都采用在网站刊登说明的方式以证明自身没有非法集资的风险。

众筹出版由于出版自身及不同模式下的延伸，会涉及出版、预售、公益、融资的法律法规，本节从这四个角度来讨论众筹出版的法律法规问题。

7.2.1 出版的相关法律法规

与出版直接相关的法律法规及规章制度包括：《出版管理条例》（2020 年修订）、《音像制品管理条例》《地图编制出版管理条例》《广告管理条例》《印刷业管理条例》《计算机软件保护条例》《著作权法》《著作权法实施条例》《著作权集体管理条例》《网络出版服务管理规定》《电子出版物管理规定》等。

根据出版相关的各项法律规章制度的要求，众筹出版的发起人应当注意以下事项。

1. 出版资格问题

根据我国相关法律法规的规定，发起众筹的出版物应当注意以下事项。

（1）必须能够取得出版单位的出版许可，即得到报社、期刊社、图书出版社、音像出版社和电子出版物出版社等出版单位审核通过。

（2）出版物的内容不应包含有条例第二十五条中所禁止的内容。

（3）对于国外的出版物，除获得出版物的版权外，只能由依照《出版管理条例》设立的出版物进口经营单位引进、翻译和出版销售，没有获得进口经营权的单位和个人是不能从事这些经营活动的。

对于申请从事互联网出版业务的企事业单位，应提交新闻出版总署统一制发的《网络出版服务许可证申请表》等相关材料，根据《网络出版服务管理规定》的要求向相关部门提出申请，获得批准后，才能从事网络出版的相关业务。

根据相关的法律要求，众筹发起人必须拥有经过官方批准的出版机构获得正式出版资格，方能顺利完成众筹后出版。

2. 版权问题

根据《中华人民共和国著作权法》等相关法律法规的规定，采用自动保护原则。作品一经产生，不论整体还是局部，只要具备了作品的属性即产生著作权，既不要求登记，也不要求发表，也无须在复制物上加注著作权标记。但在网络时代，著作权的保护与著作权的侵害问题就成了突出的问题。

2000 年 12 月 19 日，中国最高人民法院颁发了《关于审理涉及计算机网络著作权纠纷案件适用法律若干问题的解释》（以下简称《解释》），根据《解释》的规定，著作权人的身份证明指"身份证、法人执照、营业执照等有效身份证件"，著作权权属证明指"有关著作权登记证书、创作手稿等"。根据上述规定，著作权登记证书是证明著作权属的有力证明，虽然著作权属从作品完成之日就自动产生，无须经过登记程序，但在网络时代，信息复制和传播的速度非常之快，著作权人对复制和传播媒体的控制有难度。作品一旦经过多个渠道广泛流传，要证明原始作者的身份就有一定困难，因此，主动申请著作权登记是证明自己著作权人身份的好办法。

对于原创性出版物的众筹，发起人除了关注自身作品是否存在侵害他人著作权的问题，更应当关注的是著作权的保护问题。而对于翻译作品及非作者作为发起人的众筹，更应当关注的是是否获得了相应的授权，众筹出版过程中是否存在著作权侵害的问题。

7.2.2 预售相关的法律法规

预售模式下的众筹出版，其预售活动受到《中华人民共和国合同法》的规范。众筹项目一旦在众筹平台上发起，则意味着向不定项的人群发送要约邀请，在众筹项目说明中所承诺事项都构成合同要件，一旦用户选择了支持，则合同成立，受到《中华人民共和国合同法》的保护。

7.2.3 公益相关的法律法规

我国涉及公益慈善事业的法律法规和政策规范性文件主要有《中华人民共和国慈善法》《中华人民共和国公益事业捐赠法》《中华人民共和国企业所得税法》《中华人民共和国红十字会法》《社会团体登记管理条例》《基金会登记管理条例》《个人所得税条例实施细则》《救灾捐赠管理办法》等。

众筹出版项目涉及的公益活动，一般特征是通过出版物的销售获得的资金，用于公益活动。《中华人民共和国慈善法》第四条规定："开展慈善活动，应当遵循合法、自愿、诚信、非营利的原则，不得违背社会公德，不得危害国家安全、损害社会公共利益和他人合法权益。"公益众筹的主体既非直接的捐赠人，也非按照"慈善法"设置的慈善组织，因此其主体资格游离于法律规范范围之外。

信息披露方面，我国《慈善法》虽然规定了信息披露的制度，但规范的信息披露主体是县级以上人民政府，披露的信息包括："（一）慈善组织登记事项；（二）慈善信托备案事项；（三）具有公开募捐资格的慈善组织名单；（四）具有出具公益性捐赠税前扣除票据资格的慈善组织名单；（五）对慈善活动的税收优惠、资助补贴等促进措施；（六）向慈善组织购买服务的信息；（七）对慈善组织、慈善信托开展检查、评估的结果；（八）对慈善组织和其他组织以及个人的表彰、处罚结果；（九）法律法规规定应当公开的其他信息。"现行法律规范中并未对具体捐赠资金或物资的流向、受捐赠人等信息的披露有详细规定。

7.2.4　融资活动相关的法律法规

目前国内证券法规制的证券包括股票、政府债券、认股权证、公司债券、企业债券、证券投资基金份额。因此，在我国股权众筹和债权众筹项目开展过程中很容易陷入非法集资风险。非法集资是指未经有关部门依法批准，包括没有审批权限部门批准的集资；有审批权限部门超越权限批准集资，即集资者不具备集资的主体资格，承诺在一定期限内给出资者还本付息。非法集资罪，包括非法吸收公众存款罪，集资诈骗罪；证券类法律风险，包括私自刊行股票、公司、企业债权罪，欺诈发行股票债权罪等罪名。在股权众筹运营模式中，众筹项目方通过众筹平台进行宣传与募集资金并且承诺给予投资者一定的回报，非常容易陷入非法吸收公众存款问题。擅自发行股票罪行有两条法律红线需要项目方与众筹平台注意：一是公开发行，依据《中华人民共和国证券法》的规定，如果向不特定对象发行或者特定对象发行人数超过200人即构成公开发行。公开发行需要向有关部门申报审批加大了众筹成本不利于股权众筹的发展。二是众筹人数的限制，依据《中华人民共和国公司法》的规定，股份有限公司的股东人数不能超过200人，成立有限合伙制股东人数不能超过50人。目前国内对于特定对象没有明确的定义，这就会导致一些投资者成为不特定对象继而构成欺诈行为。

2014年，中国证券业协会发布了《股权众筹融资管理办法（试行）》（征求意见稿），截至2018年12月31日，正式稿一直未能发布。中国证券业协会根据中国证监会《关于对通过互联网开展股权融资活动的机构进行专项检查的通知》（简称《通知》）精神，将《场外证券业务备案管理办法》（简称《管理办法》）第二条第（十）项"私募股权众筹"修改为"互联网非公开股权融资"。中国互联网金融协会组织多家股权众筹平台进行讨论，起草了《互联网非公开股权融资暂行管理办法》，并已进行了多轮次的调研与修订，将会呈送给证监会。

第8章 启示与展望

8.1 启示

8.1.1 众筹平台是众筹出版的基石

众筹出版是众筹类别中的一般非重点类别，具有众筹资金总额低，单项筹资额低、创新性低等特点。众筹出版是否能够长期发展，要依赖于众筹平台的发展。众筹平台的用户多、黏性大，就可以提高项目成功的概率。

众筹平台打破了传统金融体系对融资的垄断，让每一位普通人都可以通过平台获得从事某项创作或活动的资金，使得融资的来源者不再局限于风投、银行等金融机构，而可以直接来源于普通大众，实现普通投资人和普通融资者的对接。

众筹平台要获得长期发展，以下问题需要关注。

1. 盈利模式

我国的众筹平台，一部分是以一定比例进行项目抽成，一部分暂时免费。低盈利水平或者无盈利是无法让平台长期运营的，收取佣金并不是众筹平台盈利的唯一渠道，所获得的收益不足以支撑平台获得更好的发展。

盈利是众筹出版的最终目标，然而由于众筹平台盈利模式尚不完善，目前众筹出版的基本作用是出版社试探市场反应的营销活动。众筹平台的盈余模式主要有三种：第一，广告模式；第二，交易佣金；第三，线上产品。我国众筹平台的盈利模式一般是通过收取成功项目一定的手续费，例如，人人网会收取项目总金额的 5% 作为手续费。国内众多的众筹平台在这样一个利益模式下产生如下问题：

（1）由谁支付手续费。对于谁应该支付手续费的问题一直是筹资者与投资者争论的热点，目前众筹平台的做法是从筹集资金的一方收取手续费。

（2）收取手续费的标准不一致。目前国内有部分众筹平台是直接收取一笔众筹项目的手续费用，还有一部分众筹平台则是按照一定的标准收取费用。一定标准里面也没有准确的数字标准，收取标准的不统一造成了收费的混乱。

（3）融资规模及总量较小。国内众筹出版行业发展由于监管条件缺失，不能利用股权众筹出版，只能以产品众筹类方式进行活动；再则国内众筹平台本身的条件不好，专业性众筹出版平台匮乏，目前众筹出版的融资金额及项目总量都很少，这造成在国内众筹项目中收取手续费比较困难。

（4）后台操作问题。后台操作是众筹项目中比较大的问题，许多筹资者与后台建立好关系再进行众筹融资会给广大普通投资者造成假象。还有学者提出：众筹出版的内容创意及个性化供求关系的建立是影响盈利模式建立的核心因素。

相对于国内众筹出版盈利模式的不清晰、创新机制的缺乏，国外众筹模式却有一套相对清晰的盈利模式：一般是向成功融资项目收取 5%~10% 的佣金。

伴随着众筹模式和众筹平台的不断发展，未来众筹盈利的新商业模式大概还有以下几条道路可选：其一，做资源平台，把网站上的创意产品和硬件公司、VC（Venture Capital，风险资本）结合起来；其二，做"内部投资"，由于掌握着众多优质项目，想要在商业模式上寻求突破的众筹平台未来完全可以投资平台上的优秀项目甚至直接转型成为孵化器；其三，在众筹平台互联网流量足够大时，也自然衍生出广告这么一个互联网平台非常成熟的商业模式。

2. 推广和吸收用户模式

扩大众筹出版在互联网用户中的知名度和认可度，这需要众筹平台在建设机制和流程规范方面更加切合用户需求。

8.1.2 制度建设的思考

1. 建立众筹强制披露制度

众筹出版在信息披露方面目前比较重视众筹项目基本信息的披露，部分平台披露项目进展情况，但非强制，而对于众筹后期的信息披露极少。因此，建立众筹强制披露制度是解决信息不对称、促进众筹长远发展的重要制度基础。

2. 建立三级监管制度

三个层级的监管制度建设，一层是众筹平台对项目的监管、一层是国家对众筹平台监管制度的建设，一层是用户或者潜在用户对出版项目的监管。

3. 现有融资制度的突破

2012 年，美国前总统奥巴马签署了美国《促进创业企业融资法案》（JOBS 法案），该法案第三章的标题就是众筹，明确了众筹平台作为新型金融中介的合法性，明确了创业企业及众筹平台的信息披露的责任，明确了投资项目的标准。自该法案推行后，众筹获得突破性的繁荣发展。

《众筹中介规范倡议》（*Crowdfunding Regulatory Intermediary Advocates*，*CRIA*）组织成立众筹行业协会（Crowdfunding Professional Association），为初创企业、小企业和投资者们共同搭建一个社交、教育和合作的平台。

（1）突破人数限制的樊篱。

依据《证券法》的规定，如果向不特定对象发行或者特定对象发行人数超过 200 人即构成公开发行。首先，众筹本就是一个集大众的资金运营的过程，然而《证券法》的规定让股东人数囿于 200 人以下明显束缚了股权众筹的发展。例如，一个 1000 万元的股权融资项目，股东人数为 50 人那么每个股东支付 20 万元；如果股东人数为 200 人每个股东需支付 5 万元。人数越多股东需支付的资金越少，每个股东承担的风险也就逐渐降低。其次，《证券法》当初的建立是为了保护投资者的权益，促进金融市场的繁荣，但是随着国内经济市场中中小企业与项目的融资需求及国民金融投资经验的增多，《证券法》应该加以调整，把人数的限制适当提高一些。美国在 JOBS 法案中将原有的规定进行了调整，把原有 500 人的限制调整为 2000 人，同时其中 SEC 认证的投资者不得少于 500 人。我国也可以根据国内实际的情况对 200 人的限制进行适当的调整。

（2）建立小额发行豁免制度。

为了给中小微企业与项目开辟一条真正可行的融资渠道，在《证券法》层面上应该建立小额发行豁免制度。小额发行豁免制度是指项目发行金额较小，公开发行可能造成成本较高而免于发行核准程序的制度。首先，众筹与公开发行相比较具有如下特点：① 筹集资金数额较小，不能承担公开发行的巨大成本。② 众筹中每个股东的出资份额小，风险小。③ 众筹项目企业管理权和所有权与公开发行证券的公司相对更为集中。其次，由于项目发展处于初期阶段，正是资金匮乏时期，公开发行不仅会加大成本，同时周期长不利于项目的及时发展。美国 1993 年《证券法》第 3（b）条明确授权 SEC 立法对总额不超过 500 万美元的证券发行给予豁免，SEC 因此相继发布了条例 A 和条例 D 豁免小额交易。小额发行豁免制度的建立给中小型企业和项目带来机遇，这种制度符合当时美国经济市场的金融状况，带给股权众筹快速发展的机会。由于《中华人民共和国证券法》的存在就是为了保护投资者的权益，促进融资者的成功融资，建立这种制度刚好可以满足投资者与融资者双方的经济需求。在限定最高募集资金的前提下放宽发行核准标准和严格的信息披露义务，也不将其定性为非法集资，这对于目前国内小额融资来说是一条可行的道路。

（3）知识产权保护制度。

目前由于众筹投资者对于知识产权保护的意识还不到位，加之法律又没有健全的制度来保护知识产权，导致了现在的一个复杂的环境问题。首先，我们应该认识到保护知识产权的必要性；其次，国家应该出台相应的法律规定来防止知识产权被盗行为，加大对投资者知识产权方面的教育及培训。在网络上公开自己的知识成果如果没有任何保密或者非披露信息保障措施，在众筹网站平台展示成果会带来巨大风险。因为随着网站的公开展示，难以避免大量的创意被盗导致盗版图书的出现。众筹平台无法保证创意不被他人剽窃，融资者需要对知识产权提高自我保护意识。美国和其他国家承认知识产权保护是一项重要工作并且加大了对知识产权的保护。我国也应该加大对知识产权的保护力度，这有助于激励大众创新，同时也让项目融资者可以放心地进行融资。在众筹平台公开展示自己的信息会带来各种风险，因此除了法律明文规定的保护知识产权的条例以外，筹资者为了向投资者、网民及竞争对手展示商业智慧，还需要了解一些自我保护措施。

只有在制度保障和支持下，众筹出版才能有更好的未来。

8.2　展望

8.2.1　众筹出版的移动互联化

目前部分众筹网站是基于传统的互联网，向移动互联的贯通并未获得良好的发展。而随着手机替代电脑成为人们主要的信息来源及交流工具，未来只有占据移动互联的空间，众筹平台才能获得更好的发展。众筹平台移动互联化的途径有三个：App 程序、微信公众号、微信小程序。

1. App 程序

在手机应用商店可以查询到众筹 App 有轻松筹、众筹客、水滴筹、多彩投、众筹大平台、众筹网等，京东众筹是在"京东金融"App 下单设模块，淘宝众筹是在"淘宝"App 下单设模块（见表 8-1）。

表 8-1　2017 年 App 开发报价单

	需要人员	自建人员成本	技术外包成本	推广渠道	年推广成本	自建模式成本	外包模式成本
App	UI 设计师	12 万 / 年		应用市场	5 万		
	iOS 工程师	24 万 / 年		社交媒体	5 万		
	Android 工程师	18 万 / 年	15 万 / 年	移动广告	2 万		
	产品经理	24 万 / 年		室外广告	2 万	128 万 / 年	53 万 / 年
	后台工程师	12 万 / 年		室内广告	2 万		
	广告专员	6 万 / 年	6 万 / 年	软文 / 投稿	1 万		
	活动专员	6 万 / 年	6 万 / 年	自刷	0		
	免费渠道推广	6 万 / 年	6 万 / 年	其他	0		
合计	共 8 人	108 万 / 年	33 万 / 年	合计	20 万 / 年		

App 开发和运营的成本较高，开发周期长，同时运营网站和 App 会给众筹平台带来较大的成本压力。对于用户而言，App 占用手机空间，对于并非常用的程序，很难让用户长期保存。

2. 微信小程序

微信小程序，简称小程序，英文名 Mini Program，是一种不需要下载安装即可使用的应用，它实现了应用"触手可及"的梦想，用户不需要单独下载程序占用手机空间，只需要扫一扫二维码或搜一下即可打开应用，也可以将常用小程序添加在"我的小程序"中，便于迅速访问。腾讯的微信公众平台的小程序是一种新的开放能力。开发者可以快速地开发一个小程序。小程序可以在微信内被便捷地获取和传播，同时具有出色的使用体验。

摩点网在微信公众平台设置了小程序，使得用户可以迅速地通过微信平台找到应用，同时可以通过微信推送及时将众筹信息发送至用户。除此外，还有"京东众筹Lite""轻松筹""众意众筹""剧本众筹""乐童音乐""知识众享"等众筹类的小程序。

一般的小程序平均开发周期约2周，开发成本较低。小程序的开发和运维成本一般包括程序开发费用、服务器费用、域名费用、腾讯认证费、人员维护费用等。小程序一般没有提供源码的，都是按照年收费，价格在2000~10000元/年，服务器费用600元/年，域名费用5~65元/年，腾讯认证费用0或300元/年。

3. 微信公众号

移动互联下的电商趋势已经向社区型、群体型、圈子型转变。圈子型经济将在信息流足够大的时候产生利润。微信公众号商城模式具有开发成本低、用户庞大的优点。运营公众号，既可以通过微信10亿用户群体，借助微信社交属性，实现裂变推广，也可以实现App 80%以上的功能。

目前正在运营的众筹微信公众号有"水滴筹""众筹客""众筹"（一起众筹）、"京东众筹""众筹创业""众筹宝""平安众筹""众筹之家网""众筹家"等。

综上所述，对未来三种移动互联化下的众筹平台模式，众筹出版由于筹资规模小、单价低的特点，更加适合采用微信公众号和小程序的模式。这两种模式不仅开发成本和运维成本较低，同时有微信海量用户、传播便捷的优势，非常适合众筹出版，特别是小众众筹出版以低成本找到所对应的用户。

8.2.2　发展电子图书的众筹出版

众筹平台已发布的众筹项目基本由纸质出版物的项目组成，较少见到电子出版物的众筹。相比纸质图书的众筹出版，电子图书更适合众筹出版这种模式，具有天然的一贯性。纸质图书受到物流、负重、存放物理空间等局限，会影响其发行与传播。电子图书没有出版印刷费用，也无须物流，与众筹信息发布平台可以有效进行数据对接。

移动阅读在互联网的浪潮下滚滚而来，占据了人们绝大部分阅读时间，但其易复制性影响了作者的出版动机。因此，电子图书的众筹出版需要解决两个障碍，一是割断电子图书的再传播，电子图书通过众筹平台发送至支持者处后，如何通过技术的手段使得支持者无法进行二次传播，避免发起人或作者由于电子数据的复制而产生损失；二是形成通用的格式标准与制作通用的阅读软件。与电脑相比，手机在数据的存储和整理方面具有较大的劣势，手机需要解决简单化的阅读和搜索图书的实现，以此解决手机阅读完整书籍所带来的不便。

8.2.3　建设开放式众筹出版体系

很多众筹平台虽然都有出版板块，但数量都不算多，用户想参与出版物的众筹需要关注众多平台，在没有特定目标的情况下，会大幅度增加用户的搜寻成本。依托行业主管部门，实现资源整合、建立以出版社为主题的开放式众筹出版平台，集中用户的需求，降低用户搜索时间成本，是促进众筹行业发展，特别是众筹出版发展的强力手段。

众筹在经历繁荣发展的一个阶段后，目前正在处于低谷，不断有平台停止运营，看似前景一片黑暗，但也许这就是黎明前的黑暗。如何扩大众筹在互联网用户中的知名度和认可度、用户的吸引与黏性培育，是摆在众筹平台，特别是专注众筹的平台面前最迫切需要解决的问题。

参考文献

[1] CHEMLA G，TINN K，2019. Learning through crowdfunding[J]. Social Science Electronic Publishing，66（5）：141-145.

[2] SHAHAB，Y E，RIAZ，et al.，2019. Individual's financial investment decision-making in reward-based crowdfunding：evidence from China [J]. Applied Economics Letters，26（4）：261-266.

[3] TESTA S，NIELSEN K R，BOGERS M，et al.，2019. The role of crowdfunding in moving towards a sustainable society [J]. Technological Forecasting & Social Change（141）：66-73.

[4] YANG Q，LEE Y C，2019. An investigation of enablers and inhibitors of crowdfunding adoption：Empirical evidence from startups in China [J]. Human Factors and Ergonomics in Manufacturing & Service Industries，29（1）：121-129.

[5] YANG Q，LEE Y C，贾冀南，et al.，2019. An investigation of enablers and inhibitors of crowdfunding adoption：Empirical evidence from startups in China 基于融资风险视角的众筹平台风险控制研究 [J]. Human Factors and Ergonomics in Manufacturing & Service Industries，29（1）：8-11.

[6] 白志如，2014.国内众筹出版项目的内容分析与发展建议 [J].出版科学（5）：71-74.

[7] 鲍金洁，周荣庭，2016.众筹出版的运作模式和实践策略研究——以《消失的世界》AR
科普绘本为例 [J].科技与出版（8）：57-62.

[8] 蔡鑫韵，2018.众筹出版融资的法律风险及防范对策 [J].中国报业（4）：14-15.

[9] 曹继东，2015.互联网社会的科技传播革命——2014 年我国出版新业态的 6 个关键词 [J].
科技与出版（2）：23-26.

[10] 常湘萍.众筹出版要有互联网思维 [N].中国新闻出版报，2014-08-04.

[11] 陈鸿亮，2014.探索众筹出版的新商业模式 [J].印刷经理人（3）：32-33.

[12] 陈洁，2017.社群效应与图书出版产业新态 [J].中国出版（20）：49-52.

[13] 陈锐，2015.众筹对出版营销方式的影响 [J].中国出版（2）：54-56.

[14] 陈瑞雪，李响，2014.Wattpad 为何停掉众筹平台？[J].新经济（15）：64-65.

[15] 陈忠海，常大伟，2014.众筹模式在档案馆档案信息资源开发中的应用研究 [J].档案学
通讯（6）：40-44.

[16] 范军，沈东山，2015.众筹出版：特点、回报和风险分析 [J].中国出版（1）：19-24.

[17] 冯海超，2013.众筹网站中国式进化 [J].英才（12）：56-57.

[18] 付国乐，苏磊，韩婧，等，2014.出版为体　众筹为用 [J].科技与出版（5）：3.

[19] 顾晨，2014.欧洲众筹市场现状与监管评述 [J].互联网金融与法律（8）：17-21.

[20] 郭凯琦，2018.新媒体时代众筹出版发展分析 [J].新媒体研究，4（15）：65-66.

[21] 郭利军，2017.国内众筹出版模式研究 [D].上海：上海师范大学.

[22] 郭泽德，2014.众筹出版模式对出版业创新的启示 [J].出版发行研究（8）：57-59.

[23] 韩红星，覃玲，2015.众筹模式：出版行业的变革与创新 [J].华南理工大学学报（社会
科学版），17（6）：123-128.

[24] 韩红星，覃玲，2015.社会化媒体时代众筹出版发展探析 [J].中国出版（13）：55-58.

[25] 何春梅，2018.众筹出版的选题策划与推广运营模式 [J].新媒体研究，4（4）：66-67.

[26] 何华征，盛德荣，2016.论众筹出版伦理秩序形成的价值论基础及其内在逻辑 [J].编辑

之友（9）：26-30.

[27] 黄河，刘琳琳，2014. 众筹出版运作方式及发展路径 [J]. 中国出版（20）：6-9.

[28] 纪蕾，刘锦宏，2017. Inkshares：利润共享的专业性众筹出版平台 [J]. 出版参考（4）：32-34.

[29] 贾冀南，吴继琛，李浩然，2018. 基于融资风险视角的众筹平台风险控制研究 [J]. 河北工程大学学报（社会科学版），35（4）：8-11.

[30] 蒋骁，2014. 基于信任的众筹出版用户支付意愿研究 [J]. 科技与出版（5）：18-21.

[31] 李大林，余伟萍，2016. 众筹出版成功项目文本的修辞要素分析 [J]. 科技与出版（9）：137-142.

[32] 李婷，杨海平，2015. 众筹出版新模式研究 [J]. 中国编辑（4）：30-33.

[33] 李先翠，2018. 众筹期刊的现状与问题分析 [J]. 新媒体研究，4（23）：89-91.

[34] 厉国刚，2016. 众筹出版的优势与路径 [J]. 编辑学刊（2）：23-27.

[35] 刘建，2017. 众筹出版融资的法律风险及其防范 [J]. 出版发行研究（1）：64-66，60.

[36] 刘尧远，2015. 浅析众筹出版的融资模式 [J]. 科技与出版（2）：118-120.

[37] 刘怡，徐剑，2018. 积极受众与长尾空间：众筹出版中的关键因素研究 [J]. 出版科学，26（5）：13-17.

[38] 罗显华，2014. 图书出版与众筹模式 [J]. 出版参考（21）：22-23，25.

[39] 罗雪英，周淑云，2014. 中国众筹出版何处去——对国内众筹出版热的冷思考 [J]. 出版广角（Z2）：26-8.

[40] 马前锋，滕跃民，2018. 众筹出版参与行为的影响因素 [J]. 哈尔滨师范大学社会科学学报，9（5）：170-173.

[41] 米蕊芳，刘福生，张昕，2014. 开放式创新思维在医学图书出版中的应用 [J]. 出版广角（Z1）：120-121.

[42] 娜塔莉·布尔格，周益，2013. 按需印刷将为自助出版带来什么样的改变？[J]. 中国包装，33（11）：76-77.

[43] 祁雪冻，2015. 众筹出版平台非法吸收公众存款的风险与对策 [J]. 中国出版（11）：38-41.

[44] 瞿欧玲，2016. 互联网模式下我国众筹出版的现状与发展建议 [J]. 新闻研究导刊，7（16）：288-289.

[45] 任翔，2014. 众筹与出版新思维——欧美众筹出版的现状与问题 [J]. 科技与出版（5）：4-7.

[46] 沈利娜，2014. 一场试探图书市场反应的出版营销秀——2013 国内众筹出版的现状与问题 [J]. 科技与出版（5）：8-10.

[47] 史帅，康文娟，2014. 网络文学出版的"关系众筹"模式 [J]. 戏剧之家（10）：312-313.

[48] 孙献涛，2014. 互联网思维在似是而非的出版间穿行 [J]. 出版广角（13）：29-31.

[50] 汤雪梅，2014. 数字出版模式的多元探索 [J]. 编辑之友（12）：76-79.

[51] 王高峰，张淑林，吴亚娟，2016. 互联网众筹出版投资者消费意愿影响因素研究——基于消费价值理论的实证分析 [J]. 科技与出版（5）：32-36.

[52] 王慧，徐丽芳，2014. Unglue.it：众筹出版界的理想主义者 [J]. 出版参考（28）：19-20.

[53] 王佳，2015. "互联网＋学术期刊"：学术期刊众筹路径研究 [J]. 编辑之友（11）：31-33.

[54] 王佳，芮海田，赵文义，等，2014. 众筹视域下学术出版路径思考与探析 [J]. 科技与出版（11）：93-96.

[55] 王立平，2018. 众筹模式下的"小众"出版：对众筹出版的另类解读 [J]. 大连海事大学学报（社会科学版），17（6）：123-128.

[56] 王雯，许洁，李阳雪，2015. 论众筹出版的三个功能 [J]. 出版科学，23（5）：58-62.

[57] 王莹. 众筹平台：个人出版的未来？ [N]. 团结报，2014-10-11.

[58] 吴菲菲，徐云松，2018. 众筹模式下我国出版产业的转型与挑战 [J]. 中国出版（3）：41-45.

[59] 武小菲，2014. 众筹模式：网络时代书籍出版传播的路径与思考 [J]. 出版发行研究（3）：37-40.

[60] 武小菲，2014. 书籍众筹：问题与对策——基于构建以出版社为主导的书籍众筹出版传播模式的思考 [J]. 编辑之友（9）：10-12，75.

[61] 肖叶飞，2016. 互联网思维下出版产业商业模式探究 [J]. 中国出版（20）：43-46.

[62] 谢征，2014. 新闻出版"众筹"的优势与问题 [J]. 现代出版（3）：22-25.

[63] 徐琦，杨丽萍，2014. 大数据解读国内众筹出版的现状与问题 [J]. 科技与出版（11）：14-20.

[64] 徐艳，2014. 众筹出版发展趋势研究 [J]. 青年记者（24）：110-111.

[65] 徐艳，胡正荣，2014. 众筹出版：从国际实践到国内实验 [J]. 科技与出版（5）：10-14.

[66] 杨春磊，江华，2016. 论众筹出版的融资风险与立法完善 [J]. 科技与出版（11）：116-121.

[67] 杨东，刘翔，2014. 互联网金融视阈下我国股权众筹法律规制的完善 [J]. 贵州民族大学学报（哲学社会科学版）（2）：93-97.

[68] 杨会，王云芳，2016. 试析新媒体时代的众筹出版 [J]. 传播与版权（8）：18-20.

[69] 杨扬，2017. 基于互联网众筹的出版产业链重构 [J]. 出版发行研究（1）：28-31.

[70] 姚锋，2016. 人人皆有"印刷机"的时代来临 [J]. 科技与出版（5）：138-141.

[71] 于晓燕，2015. 我国众筹出版的现状与问题探析 [J]. 新闻世界（11）：127-129.

[72] 袁甜阳子，沈阳，2015. 众包出版：新兴出版模式探析 [J]. 科技与出版（12）：72-76.

[73] 苑春，梁玮，2017. 众筹出版网页营销驱动因素与筹资效率关系的实证研究 [J]. 出版科学，25（5）：68-72.

[74] 张保红，2015. 论众筹出版融资法律规制 [J]. 中国出版（12）：41-45.

[75] 张建中，2014. 众筹新闻：为新闻运作创造机会 [J]. 中国报业（1）：69-70.

[76] 张劼圻，2014. 从众筹出版看出版的社交化 [J]. 出版广角（Z3）：124-127.

[77] 张立红，2014. 众筹出版：互联网助力纸媒出版 [J]. 科技与出版（5）：14-17.

[78] 张丽平，2017. 众筹出版融资的法律规范问题及防范策略研究 [J]. 出版广角（9）：66-68.

[79] 张敏，2015. 论众筹出版的合同法规制 [J]. 中国出版（16）：65-69.

[80] 张庆鸣，2017. 国内众筹出版研究的文献计量大数据分析 [J]. 中国科技信息（19）: 63-64.

[81] 张书勤，2014. 众筹出版运营机制探析 [J]. 科技与出版（5）: 22-25.

[82] 张廷凤，徐丽芳，2015. Pentian：实现共赢的众筹出版平台 [J]. 出版参考（Z1）: 20-21.

[83] 赵宏瑞，郭丹，2014. "众筹"公司股权设置的路径突破 [J]. 中国民商（5）: 54-55

[84] 张晓东，郭王，王钱. 众筹融资的发展与规范问题研究 [N]. 金融时报，2013-12-16.

[85] 钟建林，2015. 众筹出版的制约因素及对产业转型的影响 [J]. 出版发行研究（7）: 29-32.

[86] 钟悠天，2016. 互联网金融视野下的众筹出版 [J]. 中国出版（8）: 47-50.

[87] 朱德东，2015. 2014 年我国众筹出版研究盘点 [J]. 科技与出版（7）: 19-23.

[88] 朱德东，2015. 学术期刊众筹出版模式研究 [J]. 科技与出版（11）: 57-60.

[89] CrowdBank 创始人解析日本众筹 [EB/OL].（2014-04-08）[2014-07-15]. http：//www. weiyangx.Com/12497.html.

[90] 中国科学技术协会学会，2007. 国外科技社团期刊运作机制与发展环境 [M]. 北京：中国科学技术出版社.

[91] 刘柯，2015. 众筹创业实战应用大全 [M]. 北京：中国铁道出版社.

[92] PETER OHAN. Angellist：how a silicon valley mogul found h is passion[EB/OL]. htp：// www.forbes.com/sites/petercohan/2012/02/06/angellist-how-a-silicon-valley-mogul-found-his-passion/

[93] HEMER J，SCHNEIDER U，DORNBUSCH F，et al.，2011. Crowdfunding und andere formen informeller mikrofinanzierung in der projekt-und innovationsfinanzierung[M]. Stuttgart. Germany：Fraunhofer Verlag.

[94] 舒元，郑贵辉，耿雪辉，等，2015. 众筹之路 [M]. 广州：中山大学出版社.

[95] 刘柯，2015. 众筹创业实战应用大全 [M]. 北京：中国铁道出版社.

[96] 盛佳，柯斌，杨倩，2014. 众筹:传统融资模式颠覆与创新 [M]. 北京:机械工业出版社.

[97] 斯蒂芬 - 地森纳，陈艳，2015. 众筹：互联网融资权威指南 [M]. 北京：中国人民大学出版社.

[98] 杨勇，韩树杰，2015.中国式众筹——互联网革命的下半场 [M].北京：中信出版社.

[100] 史蒂夫·凯斯，2018.互联网第三次浪潮 [M].北京：中信出版社.

[101] 阿尔文·托夫勒，2018.第三次浪潮 [M].北京：中信出版社.

[102] 斯蒂芬·德森纳，2015.众筹：互联网融资权威指南 [M].北京：中国人民大学出版社.